Maravillas

MW00338507

Tu turno
Cuaderno de práctica

Mc
Graw
Hill
Education

www.mheonline.com/lecturamaravillas

Copyright © McGraw-Hill Education

All rights reserved. No part of this publication may be
reproduced or distributed in any form or by any means, or
stored in a database or retrieval system, without the
prior written consent of McGraw-Hill Education,
 including, but not limited to, network storage or
transmission, or broadcast for distance learning.

Send all inquiries to:
McGraw-Hill Education
Two Penn Plaza
New York, New York 10121

Printed in the United States of America.

11 12 13 14 15 LOV 24 23 22 21 20

Contenido

Un buen comienzo

Copyright © McGraw-Hill Education

Contenido

Unidad 1 • ¡A conocernos!

Copyright © McGraw-Hill Education

Unidad 2 · Nuestra comunidad

Copyright © McGraw-Hill Education

Contenido

Unidad 3 · Cambios con el paso del tiempo

Copyright © McGraw-Hill Education

Contenido

Unidad 4 · Animales por todas partes

Copyright © McGraw-Hill Education

Contenido

Unidad 5 · ¿Cómo funciona?

Copyright © McGraw-Hill Education

Contenido

Unidad 6 · ¡Juntos podemos!

Copyright © McGraw-Hill Education

Nombre_____

Di el nombre de cada dibujo y escribe la letra con la que empieza su nombre.

_____

- - - - - - - - - -

_____

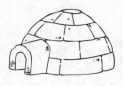

_____

- - - - - - - - - -

_____

_____

- - - - - - - - - -

_____

_____

- - - - - - - - - -

_____

_____

- - - - - - - - - -

_____

_____

- - - - - - - - - -

_____

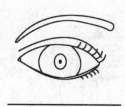

_____

- - - - - - - - - -

_____

_____

- - - - - - - - - -

_____

_____

- - - - - - - - - -

_____

Copyright © McGraw-Hill Education

Nombre_____

Di el nombre de cada dibujo y escribe la letra con la que empieza su nombre.

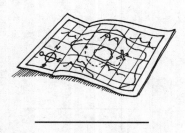

_____

- - - - - - - - -

_____

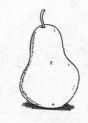

_____

- - - - - - - - -

_____

_____

- - - - - - - - -

_____

_____

- - - - - - - - -

_____

_____

- - - - - - - - -

_____

_____

- - - - - - - - -

_____

_____

- - - - - - - - -

_____

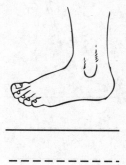

_____

- - - - - - - - -

_____

_____

- - - - - - - - -

_____

Copyright © McGraw-Hill Education

Me gusta

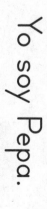

Me gusta .

Palabras de uso frecuente: *yo, soy, puedo, gusta, un*

④

Me gusta

Yo soy Pepa.

Copyright © McGraw-Hill Education

①

Puedo  un .

Copyright © McGraw-Hill Education

②

Me gusta 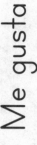 .

③

Nombre_____

Di el nombre de cada dibujo. Escribe t si empieza como tapa. Escribe l si empieza como lana.

_____

‑ ‑ ‑ ‑ ‑ ‑ ‑ ‑

_____

_____

‑ ‑ ‑ ‑ ‑ ‑ ‑ ‑

_____

_____

‑ ‑ ‑ ‑ ‑ ‑ ‑ ‑

_____

_____

‑ ‑ ‑ ‑ ‑ ‑ ‑ ‑

_____

_____

‑ ‑ ‑ ‑ ‑ ‑ ‑ ‑

_____

_____

‑ ‑ ‑ ‑ ‑ ‑ ‑ ‑

_____

_____

‑ ‑ ‑ ‑ ‑ ‑ ‑ ‑

_____

_____

‑ ‑ ‑ ‑ ‑ ‑ ‑ ‑

_____

_____

‑ ‑ ‑ ‑ ‑ ‑ ‑ ‑

_____

Copyright © McGraw-Hill Education

Nombre_____

Di el nombre de cada dibujo. Escribe s si empieza como sí. Escribe n si empieza como no.

_____

- - - - - - - -

_____

_____

- - - - - - - -

_____

_____

- - - - - - - -

_____

_____

- - - - - - - -

_____

_____

- - - - - - - -

_____

_____

- - - - - - - -

_____

_____

- - - - - - - -

_____

_____

- - - - - - - -

_____

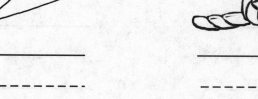

_____

- - - - - - - -

_____

Copyright © McGraw-Hill Education

¡Este es Milo!

Este es Milo. Tiene

un  .

Copyright © McGraw-Hill Education

①

---

④

Va al i .

Palabras de uso frecuente: este, es, tiene, al, qué

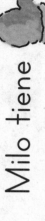

Milo tiene ___.

③

¿Qué se pone Milo?

②

Copyright © McGraw-Hill Education

Nombre_____

Di el nombre de cada dibujo. Escribe d si empieza como día. Escribe v si empieza como vela.

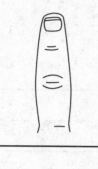

_____

- - - - - - - - -

_____

_____

- - - - - - - - -

_____

_____

- - - - - - - - -

_____

_____

- - - - - - - - -

_____

_____

- - - - - - - - -

_____

_____

- - - - - - - - -

_____

_____

- - - - - - - - -

_____

_____

- - - - - - - - -

_____

_____

- - - - - - - - -

_____

Copyright © McGraw-Hill Education

Nombre_____

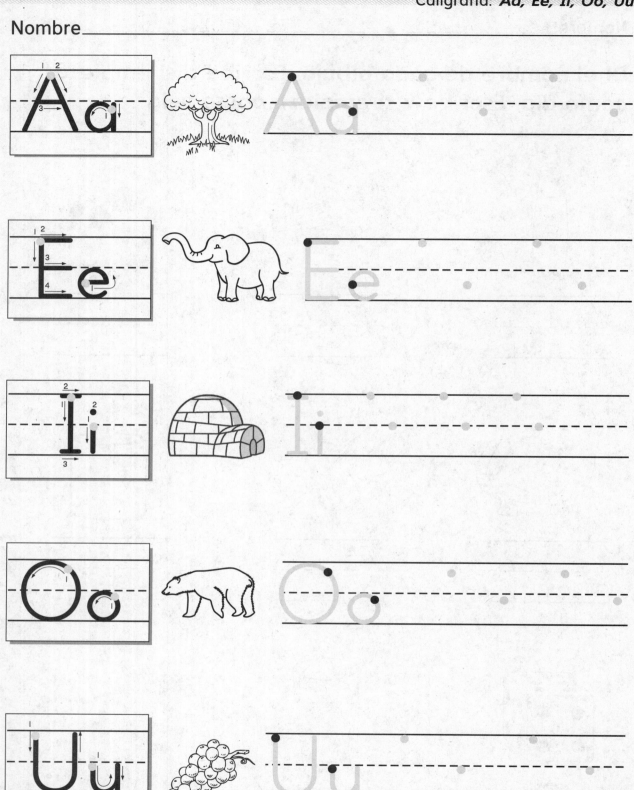

Copyright © McGraw-Hill Education

Nombre

Copyright © McGraw-Hill Education

Nombre ______________________________

Ss

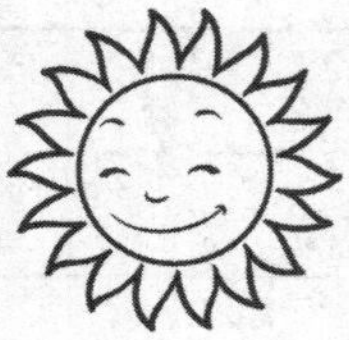

Ss Ss Ss

Ss

Nn

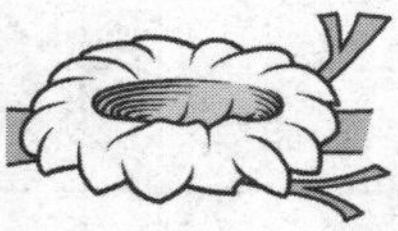

Nn Nn Nn

Nn

Dd

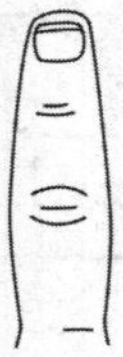

Dd Dd Dd

Dd

Vv

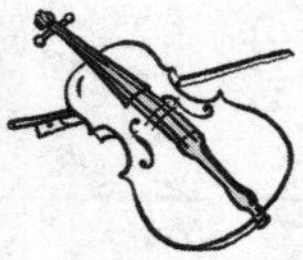

Vv Vv Vv

Vv

Copyright © McGraw-Hill Education

Nombre_____

Di el nombre de cada dibujo. Escribe <u>b</u> si empieza como <u>baile</u>. Escribe <u>f</u> si empieza como <u>fiesta</u>.

_____
- - - - - - - -
_____

_____
- - - - - - - -
_____

_____
- - - - - - - -
_____

_____
- - - - - - - -
_____

_____
- - - - - - - -
_____

_____
- - - - - - - -
_____

_____
- - - - - - - -
_____

_____
- - - - - - - -
_____

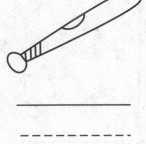

_____
- - - - - - - -
_____

Copyright © McGraw-Hill Education

Nombre_____

A. Di el nombre de cada dibujo. Escribe r si el nombre empieza como ramo.

_____

- - - - - - - - -

_____

_____

- - - - - - - - -

_____

_____

- - - - - - - - -

_____

_____

- - - - - - - - -

_____

_____

- - - - - - - - -

_____

_____

- - - - - - - - -

_____

B. Di el nombre de cada dibujo. Escribe rr si tiene el mismo sonido en el medio que carro.

_____

- - - - - - - - -

_____

_____

- - - - - - - - -

_____

_____

- - - - - - - - -

_____

Copyright © McGraw-Hill Education

Copyright © McGraw-Hill Education

(4)

Palabras de uso frecuente: *mira, tengo, juego, quién, en*

¡Juego en mi  !

¡Mira!

¡Mira! Tengo una _____ .

(1)

¡Mira! Este es mi _____.

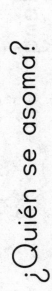

③

¿Quién se asoma?

②

Copyright © McGraw-Hill Education

Nombre_____

Di el nombre de cada dibujo. Escribe r si tiene el mismo sonido en el medio que loro.

_____

- - - - - - - - -

_____

_____

- - - - - - - - -

_____

_____

- - - - - - - - -

_____

_____

- - - - - - - - -

_____

_____

- - - - - - - - -

_____

_____

- - - - - - - - -

_____

_____

- - - - - - - - -

_____

_____

- - - - - - - - -

_____

_____

- - - - - - - - -

_____

Copyright © McGraw-Hill Education

Nombre_____

Di el nombre de cada dibujo. Escribe y si tiene el sonido con el que empieza yo. Escribe ch si tiene el sonido con el que empieza chico.

_ _ _ _ _ _ _ _ _

_____

_ _ _ _ _ _ _ _ _

_____

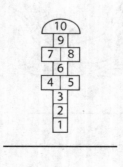

_ _ _ _ _ _ _ _ _

_____

Copyright © McGraw-Hill Education

¿Dónde está?

Hay un arriba.

Copyright © McGraw-Hill Education

①

---

④

¿Dónde está Pepo?

¿Dónde está Nina?

Palabras de uso frecuente: *hay, dónde, está, más, veo*

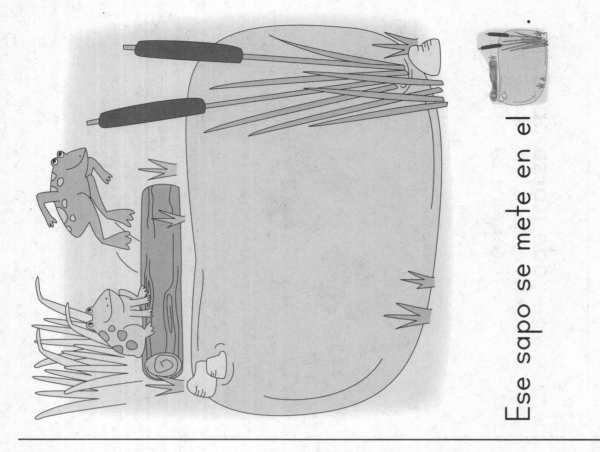

Ese sapo se mete en el  .

Veo . Una está más
arriba.

②

Copyright © McGraw-Hill Education

Nombre_____

Di el nombre de cada dibujo. Escribe ñ si tiene el sonido con el que empieza <u>ñandú</u>. Escribe ll si tiene el sonido con el que empieza <u>llama</u>. Escribe j si tiene el sonido con el que empieza <u>jarra</u>.

Copyright © McGraw-Hill Education

Nombre _____

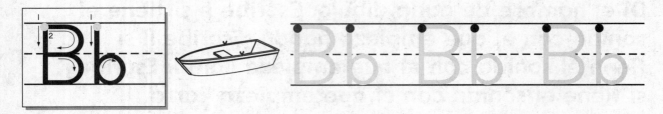

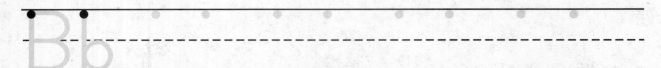

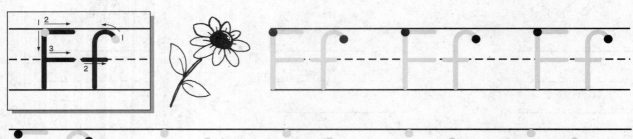

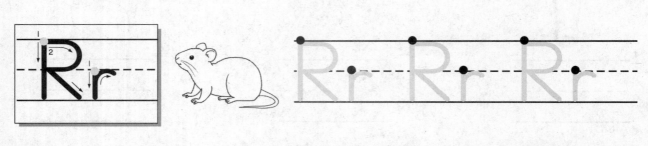

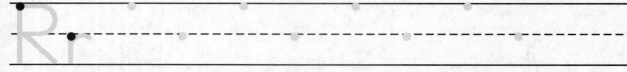

Copyright © McGraw-Hill Education

Nombre_____

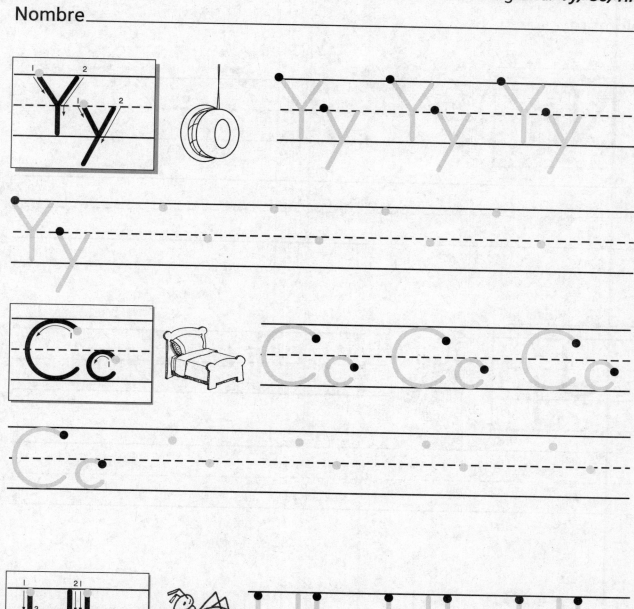

Copyright © McGraw-Hill Education

Nombre _____

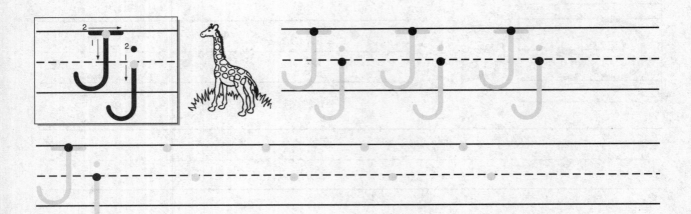

Copyright © McGraw-Hill Education

Nombre_____

Di el nombre de cada dibujo. ¿La palabra tiene ga, go o gu? Escribe esa sílaba.

_____

- - - - - - - - - - -

_____

_____

- - - - - - - - - - -

_____

_____

- - - - - - - - - - -

_____

_____

- - - - - - - - - - -

_____

_____

- - - - - - - - - - -

_____

_____

- - - - - - - - - - -

_____

_____

- - - - - - - - - - -

_____

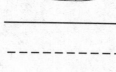

_____

- - - - - - - - - - -

_____

_____

- - - - - - - - - - -

_____

Copyright © McGraw-Hill Education

Nombre_____

Di el nombre de cada dibujo. Escribe <u>gue</u> o <u>gui</u> si el nombre tiene una de esas sílabas.

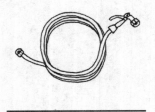

_____

- - - - - - - - - -

_____

_____

- - - - - - - - - -

_____

_____

- - - - - - - - - -

_____

_____

- - - - - - - - - -

_____

_____

- - - - - - - - - -

_____

_____

- - - - - - - - - -

_____

Copyright © McGraw-Hill Education

Copyright © McGraw-Hill Education

④

Palabras de uso frecuente: *hago, voy, vamos, por, con*

¡Todo lo hago con mamá!

Con mamá

Voy en  .

①

Vamos al ___ .

③

Voy por el ___ con mamá.

②

Copyright © McGraw-Hill Education

Nombre_____

Di el nombre de cada dibujo. Escribe <u>ge</u> o <u>gi</u> si el nombre tiene una de esas sílabas.

_____

- - - - - - - - -

_____

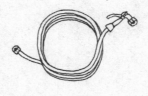

_____

- - - - - - - - -

_____

_____

- - - - - - - - -

_____

_____

- - - - - - - - -

_____

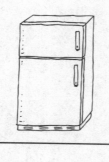

_____

- - - - - - - - -

_____

_____

- - - - - - - - -

_____

_____

- - - - - - - - -

_____

_____

- - - - - - - - -

_____

_____

- - - - - - - - -

_____

Copyright © McGraw-Hill Education

Nombre_____

Mira los dibujos y las palabras. Subraya la letra que corresponde al sonido <u>k</u>.

cama

koala

corona

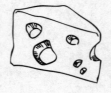

queso

cuna

mosquito

Copyright © McGraw-Hill Education

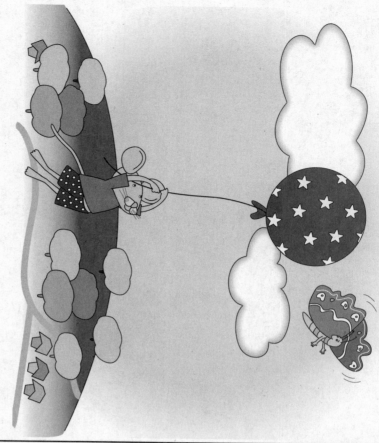

¡Tito y la mariposa se van!

Palabras de uso frecuente: *y, para, ella, hace, dice*

④

La mariposa y Tito

Tito está hace rato.

Copyright © McGraw-Hill Education

①

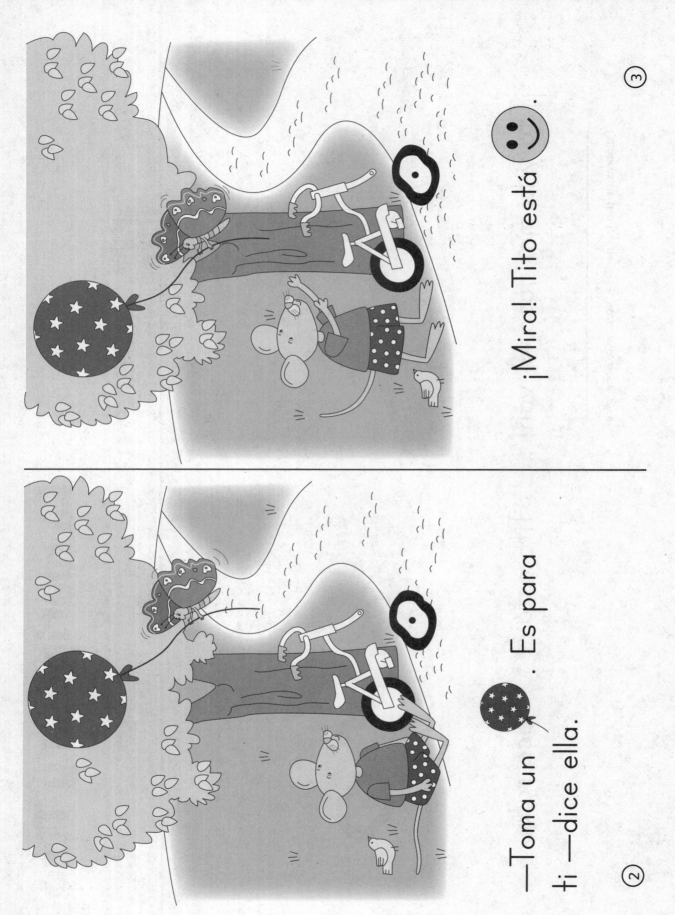

—Toma un . Es para ti —dice ella.

②

¡Mira! Tito está .

③

Copyright © McGraw-Hill Education

Nombre_____

Mira los dibujos y las palabras. Subraya la letra que corresponde al sonido s.

zorro

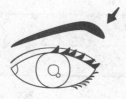

ceja

zanahoria

cerdo

cebra

zapatilla

Copyright © McGraw-Hill Education

Nombre_____

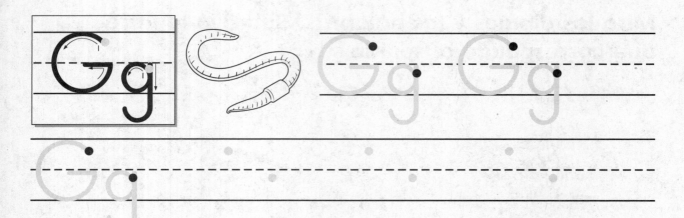

Escribe *g* para formar la primera sílaba del nombre de cada dibujo.

_____

- - - - - - - - - -

_____ a

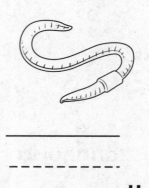

_____

- - - - - - - - - -

_____ u

Copyright © McGraw-Hill Education

Nombre_____

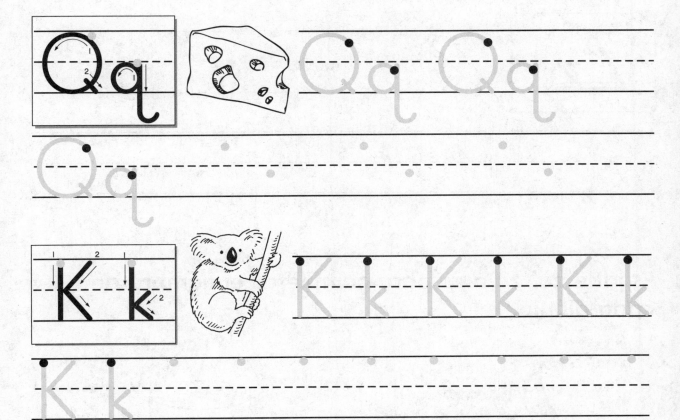

Escribe *q* o *k* para completar el nombre de cada dibujo.

_____ imono

ra _____ ueta

Copyright © McGraw-Hill Education

Nombre_____

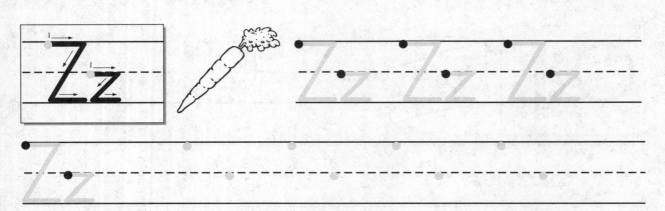

Escribe *za, zo* o *zu* para completar el nombre de cada dibujo.

_____
- - - - - - - -
_____ **rro**

_____
- - - - - - - -
ta _____

Copyright © McGraw-Hill Education

Nombre_____

Di el nombre del primer dibujo. ¿Con qué sílaba comienza? Encierra en un círculo el dibujo de la hilera cuyo nombre comienza con esa sílaba.

1.

2.

3.

4.

Copyright © McGraw-Hill Education

Nombre_____

> Puedes escuchar el sonido **m** al comienzo de las palabras **m**apa y **m**ula. Con este sonido podemos formar las sílabas **ma**, **me**, **mi**, **mo** y **mu**.

Lee las sílabas del recuadro. Luego, di el nombre de cada dibujo. ¿Con qué sílaba del recuadro comienza el nombre del dibujo? Escribe la sílaba.

> ma   me   mi   mo   mu

I. _____

2. _____

3. _____

4. _____

5. _____

Copyright © McGraw-Hill Education

Nombre_____

A. Completa cada oración con una palabra del recuadro.

| escuela | clase | la | mañana |

_____

_ _ _ _ _ _ _ _ _ _ _ _ _ _ _ _ _ .

1. Emi está en mi _____.

_____

_ _ _ _ _ _ _ _ _ _ _ _ _ _ _ _ _

2. Ema es _____ mamá de Mimí.

_____

_ _ _ _ _ _ _ _ _ _ _ _ _ _ _ _ _

3. Yo voy a la _____ .

_____

_ _ _ _ _ _ _ _ _ _ _ _ _ _ _ _ _

4. Yo juego por la _____ .

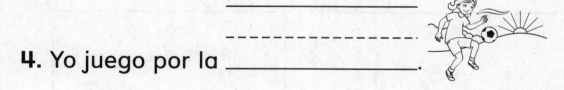

B. Ordena las palabras para formar una oración. Escríbela.

_____

_ _ _ _ _ _ _ _ _ _ _ _ _ _ _ _ _

5. gusta la Me escuela. _____ .

Copyright © McGraw-Hill Education

Nombre _____

Completa la tabla de detalles clave. Usa palabras del texto.

	Detalle

	Detalle

	Detalle

Copyright © McGraw-Hill Education

④

¡Me gusta la escuela!

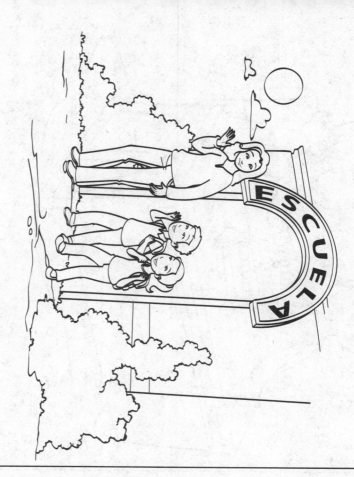

Vamos a la escuela

Yo soy Momo.

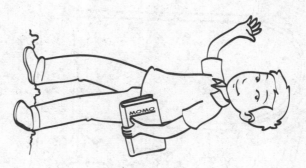

①

Copyright © McGraw-Hill Education

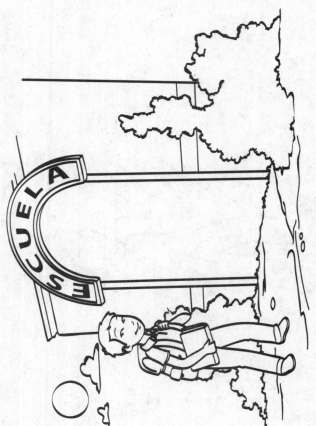

Yo juego con Meme en la clase.

③

Yo voy a la escuela por la mañana.

②

Copyright © McGraw-Hill Education

Nombre_____

A. Vuelve a leer "Vamos a la escuela". Encierra en un círculo dos dibujos que muestran detalles clave del cuento.

I.

2.

3.

B. Dibuja otro detalle clave.

Copyright © McGraw-Hill Education

Nombre_____

Algunas palabras son **femeninas**. Esas palabras suelen terminar con **-a**. Algunas palabras son **masculinas**. Esas palabras suelen terminar con **-o**.

os**o**   os**a**

Mira las terminaciones de las palabras. Subraya las palabras masculinas. Encierra en un círculo las palabras femeninas.

1. niña

2. niño

3. pato

4. mesa

Copyright © McGraw-Hill Education

Nombre_____

A. Lee el siguiente borrador. Las preguntas te servirán para enfocarte en un único suceso.

Borrador

Hoy dibujamos en la clase. Yo dibujé a mi familia. Comí helado.

---

1. ¿Sobre qué suceso trata el texto?

2. ¿Cuáles son los detalles?

3. ¿Qué detalle no trata sobre el mismo suceso?

B. Ahora, corrige el borrador y asegúrate de que todos los detalles traten sobre un único suceso.

_____

- -

_____

- -

_____

- -

Copyright © McGraw-Hill Education

Nombre_____

Las **fotografías** son imágenes que muestran animales, personas y cosas de la vida real.

A. Mira la fotografía. Úsala para completar las oraciones.

"SW Productions/DigitalVision/Getty Images"

_____

- -

I. Memo está en _____.

_____

- -

2. A Memo le gusta _____.

B. Mira la fotografía. Escribe algo más que veas en la fotografía.

_____

- -

3. _____

Copyright © McGraw-Hill Education

Nombre _____

Di el nombre de cada dibujo. Colorea los dibujos cuyo nombre comienza con el sonido p.

Copyright © McGraw-Hill Education

Nombre_____

> Puedes escuchar el sonido **p** al comienzo de las palabras **palo** y **pino**. Con este sonido podemos formar las sílabas **pa**, **pe**, **pi**, **po** y **pu**.

Di el nombre de cada dibujo. Encierra en un círculo la sílaba con la que comienza el nombre de ese dibujo.

I.    pi   pu

2.    pa   pe

3.    pi   po

4.   pe   pa

Copyright © McGraw-Hill Education

Nombre_____

A. Completa cada oración con una palabra del recuadro.

ayuda	pan	parque	muy

1. Pipo es _____ alto.

2. Papá _____ a mamá.

3. Me gusta este _____.

4. Yo voy al _____ con Popi.

B. Escribe una oración con una de las palabras del recuadro.

5. _____

Copyright © McGraw-Hill Education

Nombre_____

Completa la tabla de detalles clave. Usa palabras del texto.

Detalle

Detalle

Detalle

Copyright © McGraw-Hill Education

Copyright © McGraw-Hill Education

④

¡Yo amo a mi papá!

Pepu y papá

Por la mañana, papá me da pan.

①

Voy al parque y
juego con papá.

Papá me ayuda y
me gusta.

Copyright © McGraw-Hill Education

Nombre_____

A. Vuelve a leer "Pepu y papá". Encierra en un círculo los dibujos que muestran detalles clave del cuento.

1.

2.

3.

B. Escribe una oración que mencione un detalle clave de la página 2.

_____

- -

_____

Copyright © McGraw-Hill Education

Nombre_____

> Algunas palabras son **femeninas**. Esas palabras suelen terminar con **-a**. Algunas palabras son **masculinas**. Esas palabras suelen terminar con **-o**.
>
> alt**o**   alt**a**

Mira las palabras. Subraya la terminación *-a* **u** *-o*. **Dibuja una X sobre las palabras masculinas y encierra en un círculo las palabras femeninas.**

bello   perro

niña   amiga

lobo   tía

baja

Copyright © McGraw-Hill Education

Nombre_____

A. Lee el siguiente borrador. Las preguntas te servirán para agregar detalles descriptivos.

> ### Borrador
>
> Comparto la habitación con mi hermana.
> Nuestras camas son literas. Mi cobertor es rojo.

1. ¿Sobre qué lugar trata el texto?

2. ¿Cuáles son los detalles descriptivos?

3. ¿Qué otros detalles descriptivos podrías agregar?

B. Ahora, corrige el borrador agregando detalles descriptivos que ayuden a los lectores a hacerse una imagen mental de la habitación.

_____

_____

_____

_____

Copyright © McGraw-Hill Education

Nombre_____

Los autores usan **letra en negrillas** para resaltar palabras que son importantes.

A. Observa el dibujo. Lee las oraciones. Subraya las palabras escritas con letra en negrillas.

1. ¡Mira este **mapa**!

2. ¡Veo mi **escuela**!

3. ¡Este **parque** me gusta!

4. Pepa pasea por la **mañana**.

B. Escribe una oración sobre algún lugar al que vas. Encierra en un círculo la palabra más importante.

_____

5. _____

Copyright © McGraw-Hill Education

Nombre_____

Di el nombre del primer dibujo. ¿Con qué sílaba comienza? Encierra en un círculo el dibujo cuyo nombre comienza con esa sílaba.

1.

2.

3.

4.

5.

Copyright © McGraw-Hill Education

Nombre_____

Puedes escuchar el sonido **t** al comienzo de las palabras **tema** y **tuna**. Con la letra *t* se forman las sílabas **ta, te, ti, to** y **tu**.

Lee la palabra. Escribe la sílaba con *t*. Encierra en un círculo el dibujo que corresponde a esa palabra.

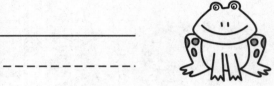

I. topo _____

2. pote _____

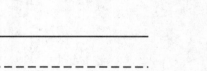

3. tapa _____

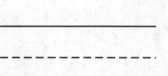

4. pato _____

Copyright © McGraw-Hill Education

Nombre_____

A. Completa cada oración con una palabra del recuadro.

baja	nada	saluda	sube

_____
1. Pame _____ a mamá.

_____
2. Pepe _____ por la mañana.

_____
3. Tito _____.

_____
4. Tito _____.

B. Escribe una oración con una de las palabras del recuadro.

_____
5. _____

_____

Copyright © McGraw-Hill Education

Nombre

Completa la tabla de detalles clave. Usa palabras del texto.

Detalle

Detalle

Detalle

Copyright © McGraw-Hill Education

Copyright © McGraw-Hill Education

④

Mamá Pata saluda a Patito.

Mamá Pata
y Patito

Patito va con Mamá Pata
a la escuela.

①

La escuela está
en un parque.

¡Patito nada!

Copyright © McGraw-Hill Education

Nombre_____

A. Vuelve a leer "Mamá Pata y Patito". Escribe un detalle clave para completar cada oración. Usa las palabras del recuadro.

escuela	nada	parque	saluda

_____

1. Patito va a la _____.

2. La escuela está en un _____.

3. Patito _____.

4. Mamá Pata _____ a Patito.

B. Haz un dibujo para mostrar un detalle del cuento.

Copyright © McGraw-Hill Education

Nombre_____

Algunas palabras terminan en **-ito** o **-ita**. Estas terminaciones indican que algo es pequeño.

topito   patita

Lee las oraciones. Subraya la palabra que habla de algo pequeño. Escribe la palabra.

1. Este es mi patito.

_____

_____

2. Este es el pumita Tomi.

_____

_____

3. Juego con mi motito.

_____

_____

4. ¿Dónde está la tapita?

_____

_____

Copyright © McGraw-Hill Education

Nombre_____

A. Lee el siguiente borrador. Las preguntas te servirán para agregar detalles descriptivos.

> ### Borrador
> Paco es la mascota de la clase. Paco es un pez. Paco nada rápido.

I. ¿Sobre qué animal trata el texto?

2. ¿Cuáles son los detalles descriptivos?

3. ¿Qué otros detalles descriptivos podrías agregar?

B. Ahora, corrige el borrador agregando detalles descriptivos que ayuden a los lectores a hacerse una imagen mental del animal.

_____

_____

_____

_____

Copyright © McGraw-Hill Education

Nombre_____

Los **rótulos** ayudan a los lectores a comprender lo que muestran las fotos o las ilustraciones.

Rotula cada dibujo. Usa palabras del recuadro.

mapa	papa	puma	topo

1. _____

_____

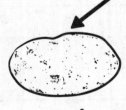

2. _____

_____

3. _____

_____

4. _____

_____

Copyright © McGraw-Hill Education

Nombre _____

Di el nombre de cada dibujo. Marca una cruz sobre los dibujos cuyo nombre comienza con el sonido l.

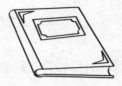

Copyright © McGraw-Hill Education

Nombre_____

Puedes escuchar el sonido l al comienzo de las palabras **lobo** y **lima**. Con este sonido podemos formar las sílabas **la**, **le**, **li**, **lo** y **lu**, y sílabas terminadas en **l**.

A. Lee las palabras del recuadro. Escribe la palabra que nombra cada dibujo.

pala	lata	alto	lupa

1. _____

2. _____

3. _____

4. _____

B. Encierra en un círculo la palabra que tiene el sonido l. Luego, escribe la palabra.

5. me   el   te   _____

6. pato   mapa   maleta   _____

Copyright © McGraw-Hill Education

Nombre_____

A. Completa cada oración con una palabra del recuadro.

el	amigo	mejor	también

_____

- - - - - - - - - - - - -

1. Pipo es el _____ amigo de Lupe.

_____

- - - - - - - - - - - - -

2. Male me saluda en _____ parque.

_____

- - - - - - - - - - - - -

3. Papá ayuda a mamá, y yo _____ .

_____

- - - - - - - - - - - - -

4. Voy a la escuela con mi _____ Lulo.

B. Escribe una oración con una de las palabras del recuadro.

_____

- -

_____

Copyright © McGraw-Hill Education

Nombre

Completa la tabla de detalles clave. Usa palabras del texto.

Detalle

Detalle

Detalle

Copyright © McGraw-Hill Education

¡Lalo es mi mejor amigo!

Mi amigo Lalo

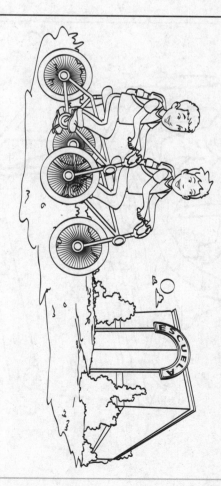

Yo soy Lito y voy a la escuela con Lalo.

Copyright © McGraw-Hill Education

Lalo me ayuda en
la clase.

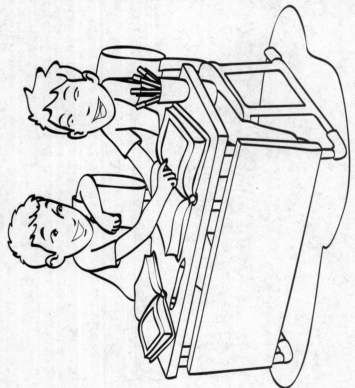

También vamos al
parque.

Copyright © McGraw-Hill Education

Nombre

Vuelve a leer "Mi amigo Lalo". Busca los detalles clave. Encierra en un círculo la respuesta a cada pregunta.

I. ¿A dónde va Lito con Lalo?

a la sala   a la escuela

2. ¿Qué hace Lalo?

Saluda a Lito en el parque.   Ayuda a Lito en la clase.

3. ¿A dónde van Lalo y Lito en la página 3?

al parque   a la escuela

4. ¿Quién es Lalo?

el mejor amigo de Lito   el papá de Lito

Copyright © McGraw-Hill Education

Nombre_____

Las palabras **en plural** indican que hay más de uno.
Generalmente, para formar el plural de las palabras
que terminan en vocal, añadimos la terminación -*s*.

lupa   lupa**s**

**Mira los dibujos y lee las palabras. Colorea los
dibujos que muestran más de una cosa. Subraya
la *s* que indica más de uno.**

pato

mapa

latas

palas

topos

Copyright © McGraw-Hill Education

Nombre_____

A. Lee el siguiente borrador. Las preguntas te servirán para contar en qué se parecen y en qué se diferencian Luis y Rosa.

Borrador

A Luis le gusta dibujar. A Rosa también le gusta dibujar. A Rosa le gusta dibujar perros.

I. ¿Sobre qué trata el texto?

2. ¿En qué se parecen Luis y Rosa?

3. ¿Qué podrías agregar para contar en qué se diferencian?

B. Ahora, corrige el borrador y agrega detalles sobre qué le gusta dibujar a Luis.

_____

_____

_____

_____

_____

_____

_____

Copyright © McGraw-Hill Education

Nombre_____

> Las palabras de un poema pueden **rimar**. Las palabras que riman terminan con los mismos sonidos.
>
> **ala   sala   pala   tala**

A. Lee el poema. Encierra en un círculo las palabras que riman. Escribe las palabras.

¿Qué veo?

Veo la pata

y sube a una lata.

_____   _____

- - - - - - - - - - - - - - -   - - - - - - - - - - - - - - -

I. _____   2. _____

Veo el pato

y nada con Tato.

- - - - - - - - - - - - - - -   - - - - - - - - - - - - - - -

3. _____   4. _____

B. Lee las palabras. Copia la terminación en las palabras de al lado para que rimen.

_____   _____

- - - - - - - - - -   - - - - - - - - - -

5. mapa   t _____   **6.** tomo   p _____

Copyright © McGraw-Hill Education

Nombre_____

Di el nombre de cada dibujo. ¿Con qué sílaba comienza? Une con una línea los nombres que comienzan con la misma sílaba.

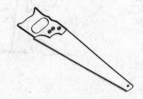

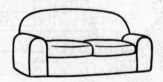

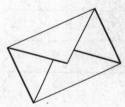

Copyright © McGraw-Hill Education

Nombre

> Puedes escuchar el sonido **s** al comienzo de las palabras **suma** y **sonido**. Con este sonido podemos formar las sílabas **sa**, **se**, **si**, **so** y **su** y sílabas terminadas en **s**.

Lee la palabra. Escribe la palabra. Encierra en un círculo el dibujo que nombra.

1. pasta

_____
- - - - - - - - - -
_____

2. sol

_____
- - - - - - - - - -
_____

3. pastel

_____
- - - - - - - - - -
_____

4. sofá

_____
- - - - - - - - - -
_____

  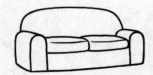

Copyright © McGraw-Hill Education

Nombre_____

Completa cada oración con una palabra del recuadro.

| saltar | correr | mover | dos |

_____

- - - - - - - - - - - - - - - -

I. Puedo _____.

_____

- - - - - - - - - - - - - - - -

2. Hay _____ **patos en el parque.**

_____

- - - - - - - - - - - - - - - -

3. Puedo _____.

_____

- - - - - - - - - - - - - - - -

4. Puedo _____ **esto.**

Copyright © McGraw-Hill Education

Nombre _____

Completa la tabla de detalles clave. Usa palabras del texto.

	Detalle

	Detalle

	Detalle

Copyright © McGraw-Hill Education

¡Y también nada
con el patito!

¿Qué hace Susi?

A Susi le gusta
saltar con Sami.

Copyright © McGraw-Hill Education

Le gusta mover
palitos con Selma.

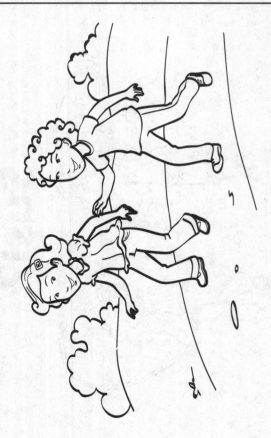

También le gusta
correr con Sole.

Copyright © McGraw-Hill Education

Nombre_____

Vuelve a leer "¿Qué hace Susi?". Responde las preguntas.

1. ¿Qué le gusta hacer a Susi con Sami? Encierra el dibujo en un círculo.

2. ¿Y qué le gusta hacer con Sole? Dibuja un cuadrado alrededor del dibujo.

3. Escribe con quién nada Susi.

_____

- -

_____

4. Escribe dos cosas que le gusta hacer a Susi.

_____   _____

- - - - - - - - - - - -   - - - - - - - - - - - -

_____   _____

Copyright © McGraw-Hill Education

Nombre_____

> Las palabras en **plural** indican que hay más de uno. Para formar el plural de las palabras que no terminan en vocal, en general hay que añadir -**es**.
>
> sol   sol**es**

Lee las palabras. Agrega la terminación -*es* para formar el plural.

_____

- - - - - - - - - -

1. mil _____

_____

- - - - - - - - - -

2. mes _____

_____

- - - - - - - - - -

3. papel _____

_____

- - - - - - - - - -

4. pastel _____

_____

- - - - - - - - - -

5. sal _____

Copyright © McGraw-Hill Education

Nombre_____

A. Lee el siguiente borrador. Las preguntas te servirán para poner en orden los sucesos.

Borrador

Me até los zapatos. Me puse los calcetines.
Me puse los zapatos.

I. ¿Sobre qué trata el texto?

2. ¿Qué suceso ocurrió primero?

3. ¿Cómo puedes cambiar las oraciones para poner los sucesos en orden?

B. Ahora, corrige el borrador. Pon en orden los sucesos y agrega las palabras *primero, luego* y *al final* al principio de cada oración.

_____

_____

_____

_____

_____

_____

_____

Copyright © McGraw-Hill Education

Nombre_____

Un **diagrama** es una imagen con rótulos. Los rótulos nombran las partes de la imagen.

Mira el diagrama de un gato. Usa las palabras del recuadro para escribir los rótulos.

| lomo | patas | orejas | ojos |

Partes de un gato

1. _____

2. _____

3. _____

4. _____

Copyright © McGraw-Hill Education

Nombre _____

Di el nombre de cada dibujo. Haz una cruz sobre los dibujos cuyo nombre comienza con el sonido d.

Copyright © McGraw-Hill Education

Nombre_____

Puedes escuchar el sonido **d** al comienzo de las palabras **duna** y **día**. Con este sonido podemos formar las sílabas **da, de, di, do** y **du**.

A. Lee las palabras del recuadro. Escribe la palabra que nombra cada dibujo.

dos	dedo	dado	dedal

1. _____

2. _____

3. _____

4. _____

B. Escribe una oración con una de las palabras del recuadro.

5. _____

Copyright © McGraw-Hill Education

Nombre_____

A. Completa cada oración con una palabra del recuadro.

aquí	como	nuevo	que	tan

_____
- - - - - - - - - - - - - -

1. Yo juego con mi _____ amigo.

_____
- - - - - - - - - - - -

2. Tengo _____ mover la mesa.

_____
- - - - - - - - - - - -

3. ¡Puedo saltar _____ un sapo!

_____
- - - - - - - - - - - -

4. Dadi es _____ alto como yo.

_____
- - - - - - - - - - - -

5. Mira, Dilma, la escuela está _____.

B. Escribe una oración con una de las palabras del recuadro.

_____

- -

6. _____

Copyright © McGraw-Hill Education

Nombre_____

Completa la tabla de personaje, ambiente y sucesos. Usa palabras del texto.

Personaje	Ambiente	Sucesos

Copyright © McGraw-Hill Education

Eda está en lo de Adela.

Eda le pide a Adela

un tapado nuevo.

(1)

¡Ese tapado está tan
a la moda!

¡Adela es la mejor modista!

(4)

Copyright © McGraw-Hill Education

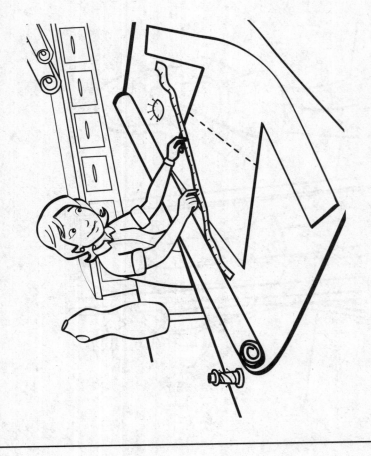

Adela mide el modelo.

Es el modelo para el tapado
de Eda.

Adela le toma las medidas
a Eda.

Las medidas son para su
tapado nuevo.

Copyright © McGraw-Hill Education

Nombre_____

A. Vuelve a leer "La modista Adela".

Escribe **P** si la oración y el dibujo hablan sobre un personaje.

Escribe **A** si la oración y el dibujo hablan sobre el ambiente.

Escribe **S** si la oración y el dibujo hablan sobre un suceso.

I. Adela es la mejor modista.

_____

- - - - - - - - - - - -

_____

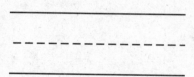

2. Eda está en lo de Adela.

_____

- - - - - - - - - - - -

_____

3. Adela mide el modelo.

_____

- - - - - - - - - - - -

_____

Copyright © McGraw-Hill Education

Nombre_____

> **El** y **la** son artículos. El **artículo** es una palabra que
> se coloca delante del sustantivo. **El** es masculino y
> acompaña a sustantivos masculinos. **La** es femenino
> y acompaña a sustantivos femeninos. Recuerda que
> los sustantivos masculinos generalmente terminan
> en **-o** y los femeninos generalmente terminan en **-a**.

**Lee las oraciones. Escribe *El* o *La* para completar
cada oración. Subraya la *-a* o la *-o* del sustantivo
que sigue al artículo.**

1. _____ patito nada.

2. _____ mesa es de mamá.

3. _____ soda es de Dami.

4. _____ pomo tiene tapita.

5. _____ amigo de Ada es Dami.

Copyright © McGraw-Hill Education

Nombre_____

A. Lee el siguiente borrador. Las preguntas te servirán para enfocarte en una idea.

Borrador

Los maestros trabajan mucho. Planean las clases. Tienen familia.

I. ¿Sobre qué idea trata el texto?

2. ¿Cuáles son los detalles?

3. ¿Puedes cambiar un detalle para hablar de la misma idea?

B. Ahora, corrige el borrador y asegúrate de que todos los detalles estén relacionados con una única idea.

_____

_____

_____

_____

_____

Copyright © McGraw-Hill Education

Nombre_____

Un **rótulo** es una palabra o una frase que nombra las cosas que hay en una imagen o en una fotografía.

Observa la escena. Usa las palabras del recuadro para escribir los rótulos.

| sapo | lodo | sol |

I. _____

2. _____

3. _____

Copyright © McGraw-Hill Education

Nombre_____

Di el nombre del primer dibujo. ¿Con qué sílaba comienza? Encierra en un círculo el dibujo cuyo nombre comienza con la misma sílaba.

   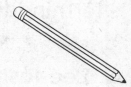

  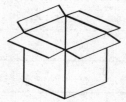 

Copyright © McGraw-Hill Education

Nombre_____

Puedes escuchar el sonido **n** al comienzo de las palabras **nudo** y **nata**. Con este sonido podemos formar las sílabas **na, ne, ni, no** y **nu** y sílabas terminadas en *n*.

A. Lee las palabras del recuadro. Escribe la palabra que nombra cada dibujo.

| pinta | nido | manta | nada |

1._____

2._____

3._____

4._____

B. Escribe una oración con una de las palabras del recuadro.

5._____

_____

_____

Copyright © McGraw-Hill Education

Nombre_____

Completa cada oración con una palabra del recuadro.

casa	sobre	tres	vivir	ya

1. Me gusta _____
con mamá y papá.

2. El tomate está _____ la mesa.

3. La _____ de Nina está aquí.

4. Los _____ sapos están
en el pantano.

5. ¡Mira! ¡_____ puedo correr solo!

Copyright © McGraw-Hill Education

Nombre_____

Completa la tabla de personaje, ambiente y sucesos. Usa palabras del texto.

Personaje	Ambiente	Sucesos

Copyright © McGraw-Hill Education

¡La casa de Nino ya está
lista para vivir!
¡Qué linda es la casa
del pantano!

④

La casa
del pantano

Este es el sapo Nino.

Nino hace su casa sobre
el pantano.

①

Copyright © McGraw-Hill Education

Nino pinta su casa y le
pone un tapete.
La casa de Nino ya está
aseada.

③

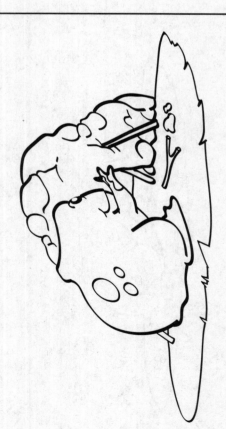

La casa de Nino es de lodo
y palitos.
En el pantano hay lodo.

②

Copyright © McGraw-Hill Education

Nombre

Vuelve a leer "La casa del pantano". Sigue las instrucciones.

I. Escribe una oración que diga dónde está Nino en la página I.

_____

- -

_____

2. Escribe una palabra que diga con qué hace Nino su casa.

_____

- -

_____

3. Escribe una palabra que diga qué hace Nino en la página 3.

_____

- -

_____

4. Escribe una oración del cuento que indique que la casa está terminada.

_____

- -

_____

Copyright © McGraw-Hill Education

Nombre_____

El **artículo** es una palabra que va delante del sustantivo. Los artículos **el** y **la** acompañan a las palabras en singular, y los artículos **los** y **las** acompañan a las palabras en plural. **El** y **los** acompañan a las palabras masculinas. **La** y **las** acompañan a las palabras femeninas. Recuerda que los sustantivos masculinos generalmente terminan en **-o** y los femeninos generalmente terminan en **-a**.

Lee las oraciones. Escribe *Los* o *Las* para completar cada oración. Subraya la terminación *-as* o la terminación *-os* del sustantivo que sigue al artículo.

1. _____ palomas están en el nido.

2. _____ patos nadan al sol.

3. _____ telas son lisas.

4. _____ maletas son de Adela.

5. _____ sapos están en la loma.

Copyright © McGraw-Hill Education

Nombre_____

A. Lee el siguiente borrador. Las preguntas te servirán para que tu escrito tenga un principio, un desarrollo y un final claros.

Borrador

En la biblioteca había una niña de mi clase. Pedí un libro en el mostrador y me senté junto a ella.

I. ¿Dónde transcurre el cuento? ¿Quiénes son los personajes?

2. ¿Qué oración podrías agregar al principio para dar más información sobre el ambiente y los personajes?

3. ¿Qué oración podrías agregar al final para contar qué sucede con los personajes?

B. Ahora, corrige el borrador y agrega un principio y un final interesantes.

_____

- -

_____

- -

_____

- -

_____

Copyright © McGraw-Hill Education

Nombre_____

Los **pies de foto o ilustración** son descripciones breves que agregan información sobre una imagen.

Encierra en un círculo el pie de ilustración que habla sobre la imagen.

I. Nino va a la escuela.
Nino está en el parque.

2. Esto es una casa.
Esto es una escuela.

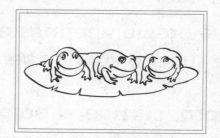

3. Aquí hay dos patos.
Aquí hay tres patos.

4. Veo tres sapos en el lodo.
Veo tres ositos en el lodo.

5. Juego con mi amigo Nito.
Paseo con mamá y papá.

Copyright © McGraw-Hill Education

Nombre_____

Di el nombre del primer dibujo. ¿Con qué sonido comienza? Encierra en un círculo el dibujo cuyo nombre comienza con el mismo sonido.

1.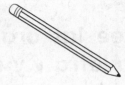

2.

3.

4.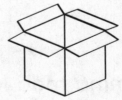

Copyright © McGraw-Hill Education

Nombre_____

> La palabra **v̲ida** comienza con la letra *v* y el sonido
> **b̲**. Con esta letra y este sonido se forman las sílabas
> **va, ve, vi, vo** y **vu**.

**Lee las oraciones. Subraya la palabra que contiene
la letra *v* y el sonido b̲. Escribe la palabra.**

1. A Pamela le gusta la novela de la tele. _____

2. La vida en mi casa es muy linda. _____

3. ¿Vamos al parque mañana? _____

4. Me gusta el pastel de uva. _____

5. Esa vela ilumina toda la casa. _____

6. A la mañana, voy a correr con mamá. _____

Copyright © McGraw-Hill Education

Nombre_____

A. Completa cada oración con una palabra del recuadro.

| años | comer | entre | grande | pero |

1. El patito está _____ Vale y Vane.

2. A mamá le gusta _____ ensalada.

3. Vito tiene tres _____ .

4. Hay tres patos _____ solo veo uno.

5. Mi casa es muy _____ .

B. Escribe una oración con una de las palabras del recuadro.

6. _____

Copyright © McGraw-Hill Education

Nombre_____

Completa la tabla de tema principal y detalles clave. Usa palabras del texto.

Tema principal		
Detalle	**Detalle**	**Detalle**

Copyright © McGraw-Hill Education

Hay muchos animales más
que viven en la selva.
¡La selva es su casa!

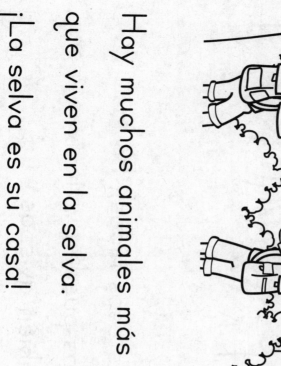

4

De visita
en la selva

La selva es muy grande.
En la selva hay animales
de todo tipo.

1

Copyright © McGraw-Hill Education

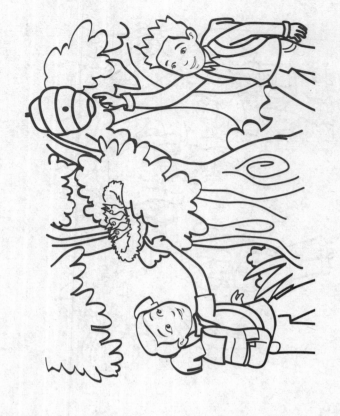

¿Ves esos nidos? En los nidos pueden vivir aves, pero también avispas.

③

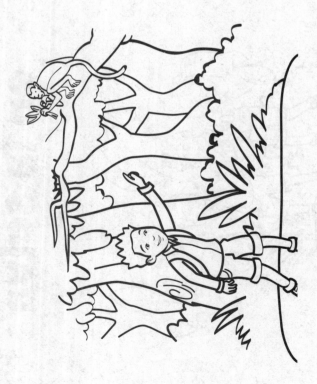

¿Ves eso, Vivi? ¡Es un mono! Al mono le gusta comer plantas.

②

Copyright © McGraw-Hill Education

Nombre_____

Vuelve a leer "De visita en la selva". Escribe el tema principal para decir de qué se trata el cuento. Escribe los detalles clave para contar más sobre el tema. Usa las oraciones del recuadro.

En los nidos pueden vivir aves, pero también avispas.

Al mono le gusta comer plantas.

La selva es muy grande y hay animales de todo tipo.

Hay muchos animales más que viven en la selva.

Tema:
_____
- -
_____

_____
- -
Detalle clave: _____

_____
- -
Detalle clave: _____

_____
- -
Detalle clave: _____

Copyright © McGraw-Hill Education

Nombre_____

> Algunas palabras terminan en **-ote** u **-ota**. Estas terminaciones indican que algo es grande. Las palabras masculinas terminan en **-ote** y las palabras femeninas terminan en **-ota**.
>
> vas**ote**   cas**ota**

Lee las oraciones. Subraya la palabra que habla de algo grande. Escribe la palabra.

1. Esta es mi antenota.

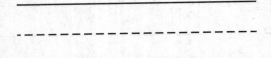

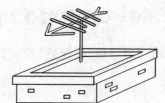

2. Pipo es un sapote.

3. Juego con mi pelotota.

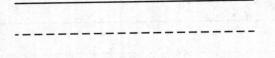

4. ¡Mira mi dedote!

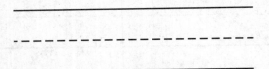

Copyright © McGraw-Hill Education

Nombre_____

A. Lee el siguiente borrador. Las preguntas te servirán para agregar datos que estén relacionados con la idea principal.

Borrador

En el océano viven muchos tipos de peces. Pueden ser grandes o pequeños. Algunos peces nadan juntos.

I. ¿Cuál es el tema del texto?

2. ¿Qué detalles contiene acerca de la idea principal?

3. ¿Qué datos podrías agregar?

B. Ahora, corrige el borrador y agrega datos que estén relacionados con la idea principal.

_____

- - - - - - - - - - - - - - - - - -

_____

- - - - - - - - - - - - - - - - - -

_____

- - - - - - - - - - - - - - - - - -

_____

Copyright © McGraw-Hill Education

Nombre_____

Las canciones tienen un patrón y un ritmo, y los poemas también. Las mismas palabras se pueden usar una y otra vez. Esto se llama **repetición**.

El pato nada. ¡Nada, nada y nada!

Lee los pares de oraciones. Encierra en un círculo las oraciones donde se usan las mismas palabras una y otra vez.

1. Minina está sobre la manta. Pero le gusta más la planta.

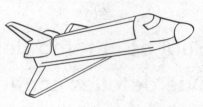

2. ¡Sube, sube y sube la nave, es como un ave!

3. Yo juego al veo veo. Veo, veo. ¿Qué ves?

4. Este es Aletitas, y sabe nadar sin patitas.

5. De paseo con mamá y papá. ¡Vamos, vamos ya!

6. Vito ama al osito Tito. Y Nina ama a Minina.

Copyright © McGraw-Hill Education

Nombre_____

Di el nombre de cada dibujo. Haz una cruz sobre los dibujos cuyo nombre comienza con el sonido b.

Copyright © McGraw-Hill Education

Nombre_____

> La palabra **b̲ote** comienza con la letra *b* y el sonido **b̲**. Con esta letra y este sonido se forman las sílabas **ba, be, bi, bo** y **bu**.

Lee las oraciones. Encierra en un círculo la palabra que contiene el sonido b̲. Escribe la palabra.

_____

1. Me gusta el budín de mamá.
_____

_____

2. Mi amigo Nino tiene un bote grande.
_____

_____

3. La casa de Pipo es muy bonita.
_____

_____

4. Mi papá me da un beso en la mañana.
_____

_____

5. A Sami le gusta el batido de lima.
_____

_____

6. La bata de mamá es muy linda.
_____

Copyright © McGraw-Hill Education

Nombre_____

Une las oraciones con los dibujos.

I. Yo **quiero** ese.

a.

2. Es **bueno** comer tomate.

b.

3. Ya bebí **casi** todo mi batido.

c.

4. ¡Mira! ¡El ave está **ahí**!

d.

5. Uso esto para **llamar** a papá.

e.

Copyright © McGraw-Hill Education

Nombre_____

Completa la tabla de personaje, ambiente y sucesos. Usa palabras del texto.

Personaje	Ambiente	Sucesos

Copyright © McGraw-Hill Education

La comida de los sábados

Todos los sábados,
Mabel invita a comer a
los animales de la selva.
Benito la ayuda.

(1)

¡Todo listo! ¡Qué bueno!
¡A llamar a los animales!

(4)

Copyright © McGraw-Hill Education

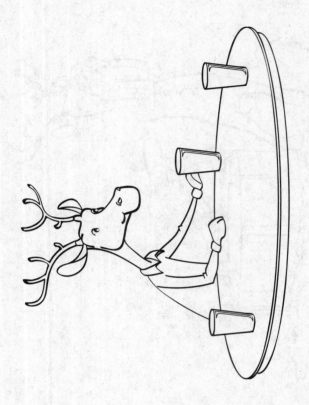

Benito pone la mesa ahí.
Pone los vasos para la
bebida.

③

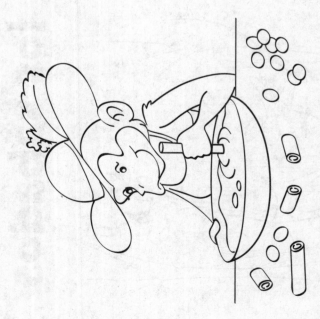

Mabel hace un budín.
Le pone uvas y bastante
bambú.

②

Copyright © McGraw-Hill Education

Nombre_____

Vuelve a leer "La comida de los sábados". Encierra en un círculo la opción correcta. Escribe la palabra.

_____

- - - - - - - - - - - - - - - - -

1. Los personajes del cuento son _____.

    animales   mamá y papá

_____

- - - - - - - - - - - - - - - - -

2. Todos los sábados, Mabel invita a _____ a los animales.

    correr   comer

_____

- - - - - - - - - - - - - - - - -

3. ¿Quién pone la mesa? _____

    Mabel   Benito

4. ¿Qué van a hacer al final del cuento?

_____

- - - - - - - - - - - - - - - - -

_____

    llamar a los animales   comer solos

Copyright © McGraw-Hill Education

Nombre_____

Un y **una** son **artículos**. Estas palabras acompañan a los nombres de las cosas y los animales. Si la palabra es masculina, usamos **un**. Si la palabra es femenina, usamos **una**. **Un** y **una** acompañan a las palabras en singular, y **unos** y **unas** acompañan a las palabras en plural.

Lee las oraciones. Escribe *un/unos* **o** *una/unas* **para completar cada oración. Subraya las terminaciones** *-a, -as* **o las terminaciones** *-o, -os* **del sustantivo que sigue al artículo.**

1. Veo _____ casa grande.

2. Juego con _____ amigo en el parque.

3. Hay _____ papas sobre la mesa.

4. Vivo aquí hace _____ años.

5. Hago un batido con _____ uvas.

Copyright © McGraw-Hill Education

Nombre_____

A. Lee el siguiente borrador. Las preguntas te servirán para agregar un principio y un suceso en el desarrollo de la historia.

Borrador

Ahora, la casa de Lisa está limpia. El piso brilla. Ya no hay polvo.

I. ¿Sobre qué trata la historia?

2. ¿Qué detalles contiene acerca del final?

3. ¿Qué podrías agregar al principio y en el medio?

B. Ahora, corrige el borrador y agrega un principio y un suceso en el desarrollo de la historia.

_____

_____

_____

_____

_____

_____

Copyright © McGraw-Hill Education

Nombre_____

Una **lista** organiza cosas e ideas.

A. Lee las palabras del recuadro. Coloca cada palabra en la lista a la que pertenece.

pan   juego   tomate   nado   salto   banana

Cosas que como

_____

_____

_____

_____

Cosas que hago

_____

_____

_____

_____

B. Agrega una cosa más a cada lista.

Cosas que como

_____

Cosas que hago

_____

Copyright © McGraw-Hill Education

Nombre_____

Di el nombre de cada dibujo. Encierra en un círculo el dibujo cuyo nombre contiene el sonido f.

  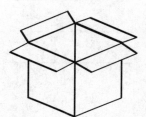 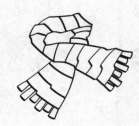

Copyright © McGraw-Hill Education

Nombre_____

Puedes escuchar el sonido **f** al comienzo de las palabras **f̲ino** y **f̲ila**. Con este sonido podemos formar las sílabas **fa, fe, fi, fo** y **fu**.

Lee las palabras y escribe la que nombra cada dibujo. Subraya la sílaba fa, fe, fi, fo o fu.

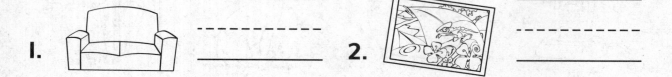

teléfono   fideos   sofá   estufa   foto   fila

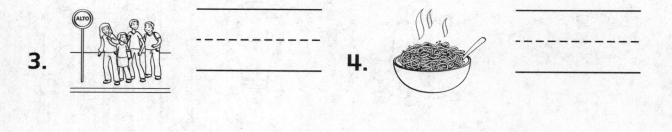

1.

2.

3.

4.

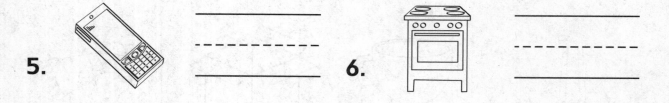

5.

6.

Copyright © McGraw-Hill Education

Nombre_____

A. Completa cada oración con una palabra del recuadro.

| siempre | muchos | algunos | primero | tiempo |

I. En el parque hay

_____

_____

_____ patos.

2. Hay _____ papeles sobre la mesa.

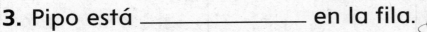

3. Pipo está _____ en la fila.

4. Mamá y yo _____ vamos a correr al parque.

5. Me gusta pasar _____ con papá.

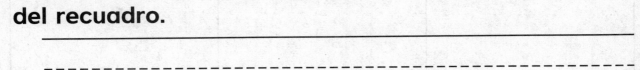

B. Escribe una oración con una de las palabras del recuadro.

_____

6. _____

Copyright © McGraw-Hill Education

Nombre_____

Completa la tabla de tema principal y detalles clave. Usa palabras del texto.

Tema principal		
Detalle	**Detalle**	**Detalle**

Copyright © McGraw-Hill Education

¿Dónde es el festival de felinos?

¡A Feli y a Fabi les gusta el festival de felinos!

¡Un mapa siempre es útil!

④

A Feli y a Fabi les gusta ir al festival de felinos.

Hace tiempo que no van a ese festival.

①

Copyright © McGraw-Hill Education

En el festival hay muchos felinos.

Feli toma fotos y Fabi saluda a los felinos.

③

Pero no saben dónde es el festival.

Así que Feli y Fabi ven el mapa.

②

Copyright © McGraw-Hill Education

Nombre_____

Vuelve a leer el cuento y sigue las instrucciones.

1. Escribe la palabra que dice qué tipo de animales hay en el festival.

    _____

    -

    _____

2. Escribe la palabra que dice lo que usan Feli y Fabi para saber dónde es el festival.

    _____

    -

    _____

3. Escribe lo que hace Feli en el festival.

    _____

    -

    _____

4. Escribe el tema principal del cuento.

    _____

    -

    _____

Copyright © McGraw-Hill Education

Nombre_____

Algunas palabras terminan en **-oso** u **-osa**. Estas terminaciones aparecen en palabras que se usan para describir. Las palabras masculinas terminan en **-oso**, y las palabras femeninas terminan en **-osa**.

fam**oso**   fabul**osa**

Lee las oraciones. Subraya la palabra que se usa para describir. Escribe la palabra.

I. Patino en el piso lodoso.

_____

- - - - - - - - - - - - - - - - - - - -

_____

2. La sopa está fabulosa.

_____

- - - - - - - - - - - - - - - - - - - -

_____

3. Este elemento es filoso.

_____

- - - - - - - - - - - - - - - - - - - -

_____

4. El pelo de Minina es muy sedoso.

_____

- - - - - - - - - - - - - - - - - - - -

_____

Copyright © McGraw-Hill Education

Nombre_____

A. Lee el siguiente borrador. Las preguntas te servirán para agregar detalles de apoyo.

Borrador

Abre la puerta y entra. Toma el pasillo y gira a la derecha. Hay una cafetería.

I. ¿Sobre qué tratan las indicaciones?

2. ¿Crees que las indicaciones te sirven para seguir tu camino?

3. ¿Qué detalles de apoyo podrías agregar?

B. Ahora, corrige el borrador y agrega detalles de apoyo en las instrucciones.

_____

_____

_____

_____

_____

Copyright © McGraw-Hill Education

Nombre_____

Los **mapas** muestran lugares. Para llegar a esos lugares, seguimos una dirección. Norte, sur, este y oeste son **direcciones**. Las direcciones se muestran en una brújula. Indica en qué dirección están las cosas.

Observa el mapa. Encierra en un círculo la respuesta a cada pregunta.

1. ¿El tobogán está al norte o al sur de los columpios?

   al norte   al sur

2. ¿Qué hay al oeste del tobogán?

   la puerta de entrada   el subibaja

3. ¿Qué hay al norte del banco?

   la puerta de entrada   un árbol

Copyright © McGraw-Hill Education

Nombre_____

Di el nombre de cada dibujo. Colorea los dibujos cuyo nombre contenga el sonido rr.

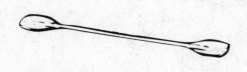 

Copyright © McGraw-Hill Education

Nombre_____

Puedes escuchar el sonido **rr** en las palabras **ropa** y **tarro**. Las palabras que empiezan con *r* y las que se escriben con *rr* siempre tienen el sonido **rr**.

Lee la palabra. Encierra en un círculo la sílaba con el sonido rr. Luego, encierra en un círculo el dibujo cuyo nombre contiene la misma sílaba.

I. perro

2. ratón

3. rosa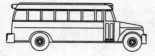

4. remo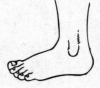

5. carril

Copyright © McGraw-Hill Education

Nombre_____

Completa cada oración con una palabra del recuadro.

cerca   cuando   después   hoy   pronto   vez

_____

1. Una _____ vi un león.

_____

2. _____ es lunes.

_____

3. El perro está _____ del sofá.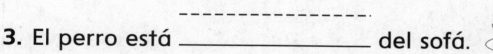

_____

4. ¡Qué _____ viniste!

_____

5. _____ de comer, juego.

_____

6. _____ hay sol, salimos.

Copyright © McGraw-Hill Education

Nombre

Completa la tabla de orden de los sucesos. Usa palabras del texto.

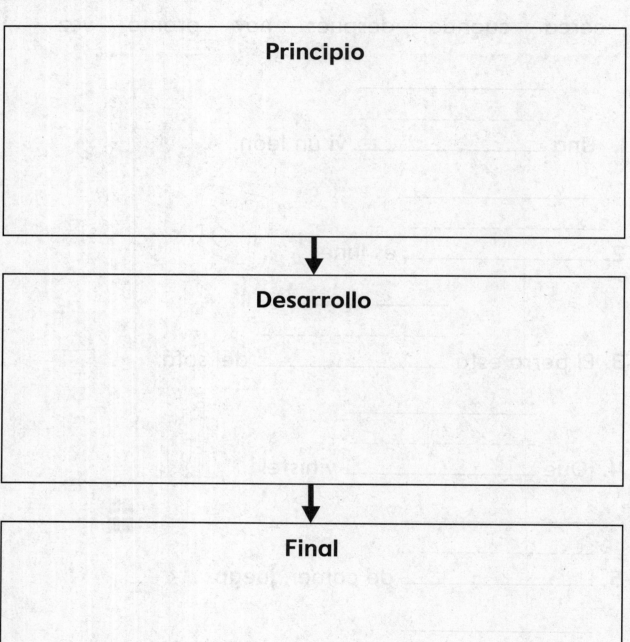

Principio

Desarrollo

Final

Copyright © McGraw-Hill Education

Copyright © McGraw-Hill Education

④

Rafi se mete al río.
¡Los amigos ríen!

Rafi y sus amigos

Hoy es un día de sol.
Rafi va al río en patines.

①

Rana y Pepe están en
el río. Rafi los saluda.
Rana y Pepe sonríen.

③

Rafi no ve a sus amigos
cerca. ¿Dónde están?

②

Copyright © McGraw-Hill Education

Nombre_____

Vuelve a leer "Rafi y sus amigos".

Escribe <u>1</u> si la oración y la ilustración cuentan algo que pasó al principio.

Escribe <u>2</u> si la oración y la ilustración cuentan algo que pasó en el desarrollo.

Escribe <u>3</u> si la oración y la ilustración cuentan algo que pasó al final.

1. Rafi se mete al río.

_____
- - - - - - - - - - - -
_____

2. Rana y Pepe están en el río.

_____
- - - - - - - - - - - -
_____

3. Rafi va al río en patines.

_____
- - - - - - - - - - - -
_____

Copyright © McGraw-Hill Education

Nombre_____

> Algunas palabras terminan en **-ar**, **-er** o **-ir**. Esas palabras suelen indicar acciones.
>
> salt**ar** le**er** dorm**ir**

Lee las oraciones. Subraya la palabra de acción que termina en *-ar, -er* **o** *-ir*. **Luego, une las oraciones con los dibujos.**

1. Hoy no podemos salir.

a.

2. Tomi va a comer uvas.

b.

3. Vamos a subir al bus.

c.

4. Al perrito le gusta beber agua.

d.

5. Voy a sacar la pelota.

e.

Copyright © McGraw-Hill Education

Nombre_____

A. Lee el siguiente borrador. Las preguntas te servirán para agregar palabras que expresen detalles sensoriales.

Borrador

La campana suena, y vamos a almorzar.
Me siento y como mi emparedado primero.
Luego, como una manzana.

I. ¿Cuál es el tema del texto?

2. ¿Qué detalles están relacionados con el tema?

3. ¿Qué palabras sensoriales podrías agregar para dar más detalles acerca del tema?

B. Ahora, corrige el borrador y agrega palabras que expresen detalles sensoriales para contar cómo suena la campana y cuál es el aspecto y el sabor de las comidas.

_____
_____
_____
_____
_____
_____

Copyright © McGraw-Hill Education

Nombre_____

> Una palabra con **letra en negrilla** es una palabra importante.

A. Lee las oraciones. Encierra en un círculo las palabras escritas con <u>letra en negrilla</u>.

1. Los **lunes** juego al fútbol.

2. Mañana no hay clases.

3. Hoy vamos de paseo.

B. Vuelve a leer las oraciones de arriba. Usa las palabras en negrilla como ayuda para responder la pregunta.

4. ¿Cuándo vamos de paseo?

_____

_____

_____

Copyright © McGraw-Hill Education

Nombre_____

Di el nombre del primer dibujo. Identifica con qué sonido empieza la segunda sílaba. Encierra en un círculo el dibujo cuyo nombre tiene el mismo sonido.

1.

2.

3.

4.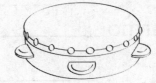

Copyright © McGraw-Hill Education

Nombre_____

> Puedes escuchar el sonido <u>r</u> en la segunda sílaba de **ho<u>r</u>a** y en la primera sílaba de **<u>ar</u>te**.

Lee la palabra. Escribe la sílaba con *r*. Encierra en un círculo el dibujo que corresponde a esa palabra.

_____

- - - - - - - - -

1. mandarina _____

_____

- - - - - - - - -

2. árbol _____

_____

- - - - - - - - -

3. toro _____

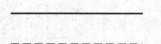

_____

- - - - - - - - -

4. termo _____

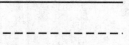

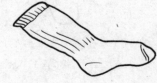

_____

- - - - - - - - -

5. aretes _____

Copyright © McGraw-Hill Education

Nombre_____

Completa cada oración con una de las palabras.

| aire | flores | color | familia | juntos | agua |

_____

_____

1. El _____ puro es bueno.

_____

_____

2. Mi _____ y yo paseamos.

_____

_____

3. Mamá y yo subimos _____.

_____

_____

4. Mi perro entra al _____.

_____

_____

5. El pasto es de _____ verde.

_____

_____

6. La novia tiene _____.

Copyright © McGraw-Hill Education

Nombre_____

Completa la tabla de orden de los sucesos. Usa palabras del texto.

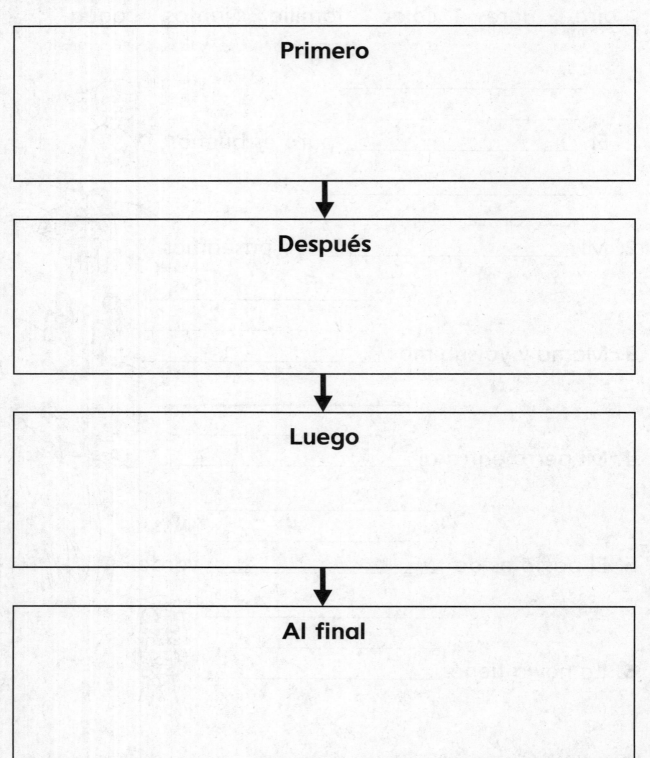

Primero

⬇

Después

⬇

Luego

⬇

Al final

Copyright © McGraw-Hill Education

Flores para mamá

Martín: Mamá está
enferma hoy.

Mara: Vamos a darle algo
lindo para animarla.

①

Mara: Estas flores son
para ti, mamá.

Mamá: ¡Qué hermosas!
¡Qué lindo color morado!

④

Copyright © McGraw-Hill Education

Mara: ¡Mira todas esas flores! A mamá le gustan.

Martín: Vamos a darle las flores de color morado.

③

Martín: Mamá está enferma.

Mara: ¿Qué podemos darle?

Tía Nora: Vamos juntos a buscar flores.

②

Copyright © McGraw-Hill Education

Nombre_____

Vuelve a leer "Flores para mamá". Sigue las instrucciones.

1. Escribe una oración para contar qué sucede primero en el cuento.

_____

- -

_____

2. Escribe una oración para contar qué quiere hacer Mara.

_____

- -

_____

3. Escribe una oración para contar qué sucede luego.

_____

- -

_____

4. ¿Qué opina mamá al final del cuento?

_____

- -

_____

Copyright © McGraw-Hill Education

Nombre_____

Las terminaciones **-ón** y **-ona** suelen indicar que una cosa es grande o que a alguien le gusta mucho hacer algo.

Completa cada oración con una palabra del recuadro.

| casona | comilona | pilón | nubarrón |

_____

- - - - - - - - - - -

1. Una casa grande es una _____.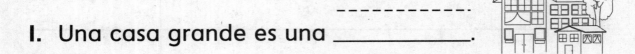

_____

- - - - - - - - - - -

2. Un _____ es una pila grande.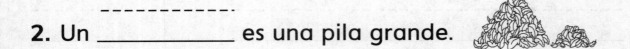

_____

- - - - - - - - - - -

3. A Marina le gusta la comida. Es _____.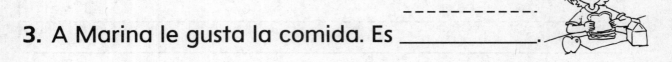

_____

- - - - - - - - - - -

4. Una nube grande es un _____.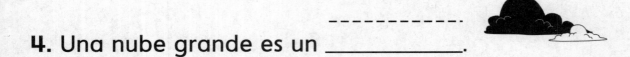

Copyright © McGraw-Hill Education

Nombre _____

A. Lee el siguiente borrador. Las preguntas te servirán para agregar palabras específicas con las que crear una imagen clara del árbol.

Borrador

Al principio, un árbol joven es pequeño. Luego, le crecen partes nuevas. Las partes se hacen más grandes, y el árbol se hace más grande también.

1. ¿Cuál es el tema del texto?

2. ¿Qué detalles están relacionados con el tema?

3. ¿Qué palabras podrías agregar para mejorar los detalles?

B. Ahora, corrige el borrador y agrega palabras específicas para mejorar los detalles.

_____

- -

_____

_____

- -

_____

_____

- -

_____

Copyright © McGraw-Hill Education

Nombre_____

Un **diagrama** es una imagen con rótulos. Los rótulos nombran las partes de la imagen.

Mira el diagrama. Usa las palabras del recuadro para completar los rótulos.

| rama | árbol | copa | flores |

_____
- - - - - - - - - - - - - - - - - -

I. _____

_____
- - - - - - - - - - - - - - - -

2. _____

_____
- - - - - - - - - - - - - - - - - -

3. _____

_____
- - - - - - - - - - - - - - - - - -

4. _____

Copyright © McGraw-Hill Education

Nombre_____

Di el nombre de cada dibujo. Identifica la sílaba con el sonido j. Une los dibujos que tienen la misma sílaba con el sonido j.

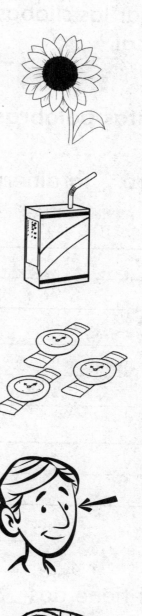

Copyright © McGraw-Hill Education

Nombre_____

> Puedes escuchar el sonido **j** al comienzo de las palabras **jarrón** y **gente**. Con este sonido podemos formar las sílabas **ja, je, ji, jo** y **ju** y las sílabas **ge** y **gi**.

Usa estas palabras para completar las oraciones.

> pájaro   jardinero   gira   jaula   ojos   vegetales

I. El _____ está en la _____.

2. Los _____ son buenos para ti.

3. El _____ poda los arbustos.

4. Juli tiene dos _____.

5. Lali _____ cuando baila.

Copyright © McGraw-Hill Education

Nombre_____

Une cada oración con un dibujo.

I. Mis primos **decidieron** formar una fila.

a.

2. ¡**Juguemos** con el osito!

b.

3. **Mientras** espero a papá, miro el jardín.

c.

4. Me gusta **cantar** y bailar en la tarima.

d.

5. **Estoy** buscando mi bote.

e.

6. **Allá** arriba está la luna.

f.

Copyright © McGraw-Hill Education

Nombre_____

Completa la tabla de causa y efecto. Usa palabras del texto.

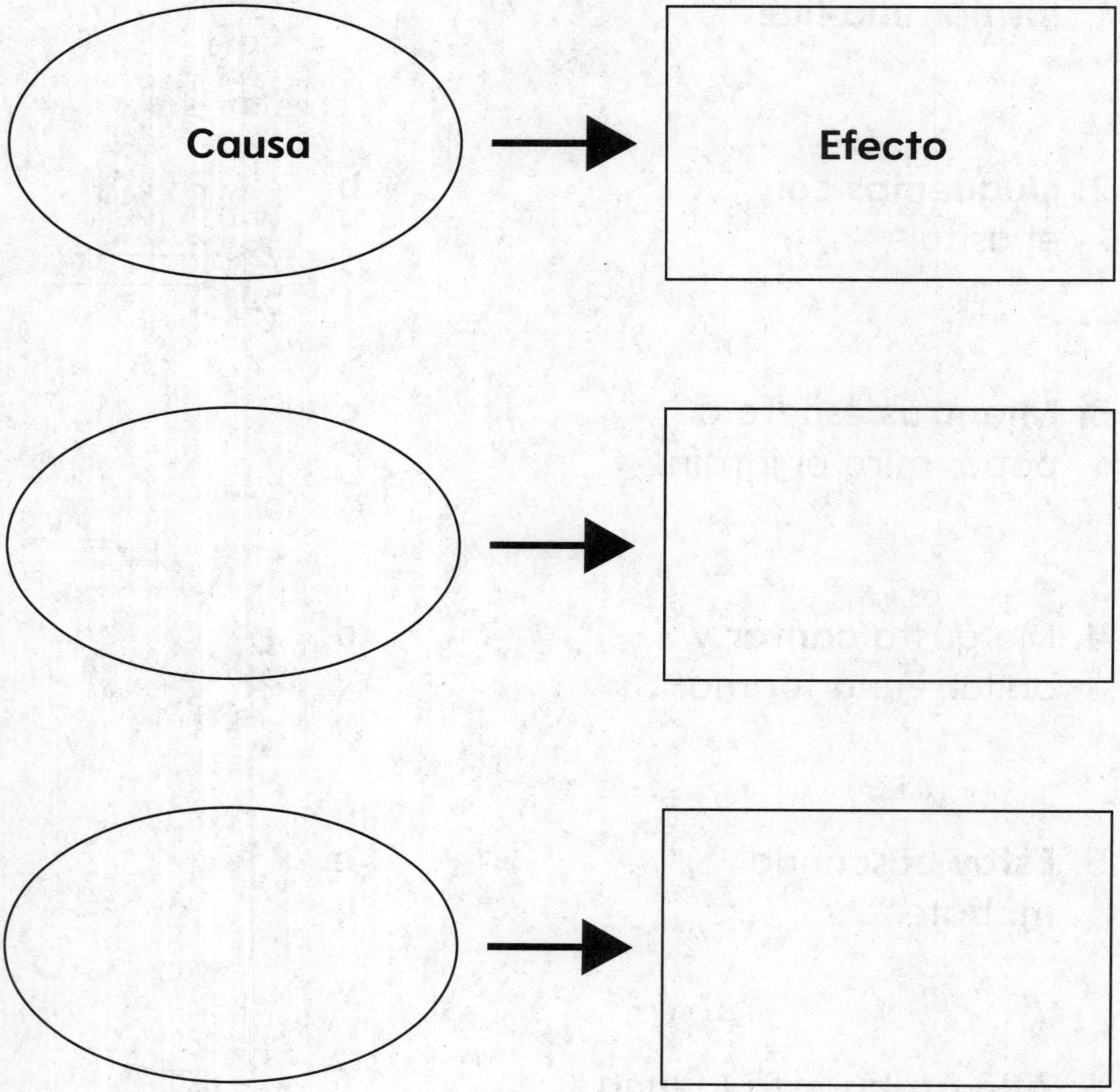

Causa → **Efecto**

Copyright © McGraw-Hill Education

José y el joven reno

Ese jueves, José salió de su casa para ir a visitar a Juli.

①

Así, el joven reno fue con José hasta la casa de Juli y los tres pasaron la tarde juntos.

④

Copyright © McGraw-Hill Education

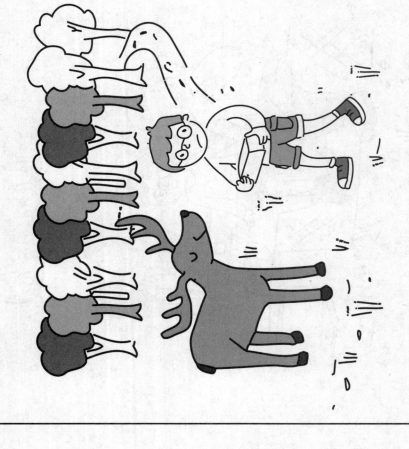

Un joven reno pasaba por ahí y José le pidió ayuda.
—Estoy perdido —le dijo José.

En el sendero había muchos árboles. Mientras iba a la casa de Juli, José vio que estaba perdido.

Copyright © McGraw-Hill Education

Nombre_____

Vuelve a leer "José y el joven reno". Responde las preguntas.

I. ¿Cuál es la causa por la que José sale de su casa?

_____

- -

_____

2. ¿Cuál es la causa por la que José se pierde?

_____

- -

_____

3. ¿Cuál es el efecto de que el joven reno pasara por ahí?

_____

- -

_____

4. ¿Cuál es el efecto de la visita a la casa de Juli?

_____

- -

_____

Copyright © McGraw-Hill Education

Nombre_____

> Las terminaciones **-ero** y **-era** suelen indicar el trabajo que hace una persona o para qué sirve un objeto.

Agrega la terminación -*ero* o -*era* y escribe la palabra que se forma.

1. jardín _____

2. pastel _____

3. ratón _____

4. moneda _____

5. reloj _____

6. ensalada _____

Copyright © McGraw-Hill Education

Nombre_____

A. Lee el siguiente borrador. Las preguntas te servirán para agregar verbos expresivos.

> ### Borrador
>
> La niña corrió al gato. Entonces, el gato se asustó y corrió rápido. El gato se fue.

1. ¿Cuál es el tema de la historia?

2. ¿Qué verbos hay en la historia?

3. ¿Qué verbos expresivos podrías agregar para hacerla más emocionante?

B. Ahora, corrige el borrador y agrega verbos expresivos para hacer más emocionante la historia.

_____

- - - - - - - - - - - - - - - - - -

_____

- - - - - - - - - - - - - - - - - -

_____

- - - - - - - - - - - - - - - - - -

_____

Copyright © McGraw-Hill Education

Nombre_____

Las palabras de las canciones o los poemas
a veces tienen **rima**. Las palabras que riman
terminan con el mismo sonido.

Di las palabras de cada columna para oír la rima.

b<u>ote</u>	n<u>ena</u>
p<u>ote</u>	p<u>ena</u>
el<u>ote</u>	ar<u>ena</u>

Di las palabras. Tacha la palabra que no rima.
Escribe una palabra que rime con las demás.

1. coro, barro, carro, amarro _____

2. almeja, reja, oreja, madera _____

3. gelatina, harina, adivino, rutina _____

4. maletero, ratonera, limonero, salero _____

Copyright © McGraw-Hill Education

Nombre_____

Di el nombre de cada dibujo. Haz una cruz sobre los dibujos cuyo nombre comienza con el sonido k.

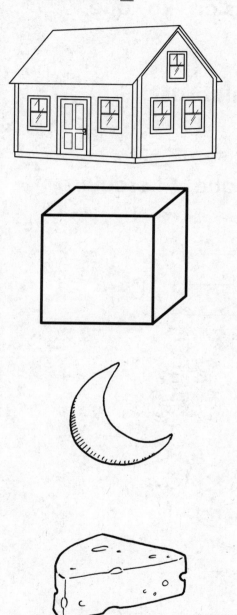

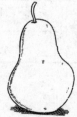

Copyright © McGraw-Hill Education

Nombre _____

Puedes escuchar el sonido **k** al comienzo de
las palabras **casa**, **quemar** y **karate**. Con este
sonido podemos formar las sílabas **ca, ka, que,
ke, qui, ki, co, ko, cu** y **ku**.

**Completa las oraciones con las palabras
del recuadro.**

casco   koala   cuna   estanque   escalera

_____
- - - - - - - - - - - - - - - - - - -

1. El bebé está en la _____.

_____
- - - - - - - - - - - - - - - - - - -

2. José usa un _____.

_____
- - - - - - - - - - - - - - - - - - -

3. Hay un _____

_____
- - - - - - - - - - - - - - - - - - -

en la _____.

_____
- - - - - - - - - - - - - - - - - - -

4. Los patitos nadan en el _____.

Copyright © McGraw-Hill Education

Nombre_____

Completa las oraciones con las palabras del recuadro. Encierra en un círculo el dibujo correcto.

nadie   niño   nombre   pequeño   siglo   vieja

_____
- - - - - - - - - - - -

I. El _____ pasado,

se viajaba en carreta.

_____
- - - - - - - - - - - -

2. Esta casa es muy _____.

_____
- - - - - - - - - - - -

3. Este carro es _____.

_____
- - - - - - - - - - - -

4. _____ sabe dónde

está Paco.

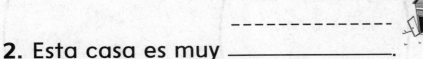

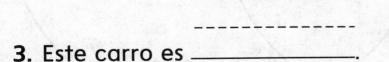

_____
- - - - - - - - - - - -

5. Carla pone su _____.

_____
- - - - - - - - - - - -

6. Este _____ usa casco.

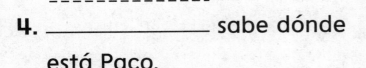
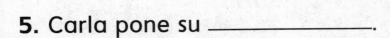

Copyright © McGraw-Hill Education

Nombre_____

Completa la tabla de comparar y contrastar. Usa palabras del texto.

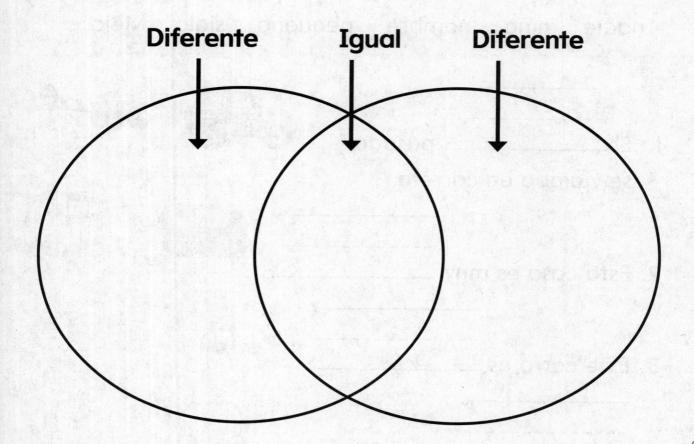

Diferente   **Igual**   **Diferente**

Copyright © McGraw-Hill Education

En el pasado

¿Cómo era la vida de las familias en otro siglo? ¿Qué ayuda daban los hijos en la casa?

①

Pero también había tiempo para divertirse. Una vieja rutina era inventar cantos para compartir en familia.

④

Copyright © McGraw-Hill Education

Los hijos también se
dedicaban a alimentar a las
aves de corral y atender a
las mascotas.

③

Las niñas se ocupaban
de la costura junto con la
mamá. Los niños cuidaban
el jardín.

②

Copyright © McGraw-Hill Education

Nombre_____

**Vuelve a leer "En el pasado".
Lee las preguntas que comparan
y contrastan lo que hacían
los hijos. Encierra en un círculo las
respuestas de las preguntas
y escríbelas.**

1. Los hijos daban _____ en la casa.

   ayuda   molestias

2. ¿De qué se ocupaban las nenas y las mamás?

   Se ocupaban de _____.

   cultivar   coser

3. ¿De qué se ocupaban los niños?

   Se ocupaban de _____ el jardín.

   cultivar   nadar

4. Los hijos se dedicaban a _____
   a las aves de corral.

   alimentar   espantar

Copyright © McGraw-Hill Education

Nombre_____

Las palabras que terminan con **-ería** suelen indicar el lugar donde se hace un trabajo o se vende algo.

Lee las palabras del recuadro y úsalas para completar las oraciones.

pescadería	panadería	relojería
peluquería	heladería	

1. Aquí se vende pan. _____

2. Aquí se vende pescado. _____

3. Aquí reparan relojes. _____

4. Aquí venden helados. _____

5. Aquí te cortas el pelo. _____

Copyright © McGraw-Hill Education

Nombre_____

A. Lee el siguiente borrador. Las preguntas te servirán para agregar argumentos con los cuales respaldar la opinión.

Borrador

En el pasado, los juegos no eran muy divertidos. Ahora, los juegos son mejores. Podemos jugar con el televisor.

I. ¿Qué opinión se brinda en el texto?

2. ¿Qué argumento respalda esta opinión?

3. ¿Qué argumentos podrías agregar?

B. Ahora, corrige el borrador y agrega más argumentos para respaldar esta opinión.

_____

- -

_____

_____

- -

_____

_____

- -

_____

Copyright © McGraw-Hill Education

Nombre_____

Un **pie de ilustración** te da más información sobre las ilustraciones.

Observa las ilustraciones. Encierra en un círculo el pie de ilustración correspondiente.

1. Así es la vida en el campo.

Así es la vida en la capital.

2. Antes los animales llevaban alimentos.

Hoy se envían los alimentos en camiones.

3. Antes la gente viajaba en carreta.

Hoy la gente viaja en avión.

4. Antes se sacaba agua de un aljibe.

Hoy tomamos agua de la llave.

Copyright © McGraw-Hill Education

Nombre_____

Di el nombre de cada dibujo. Une con una línea los dibujos cuyo nombre contiene la misma sílaba con el sonido y.

Copyright © McGraw-Hill Education

Nombre ____________________

Di el nombre del primer dibujo. Identifica la sílaba con el sonido ñ. Encierra en un círculo el dibujo cuyo nombre tiene la misma sílaba.

1.  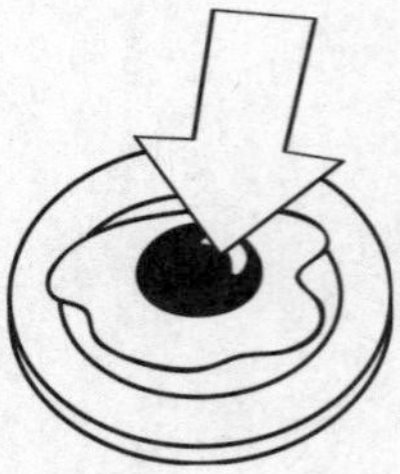 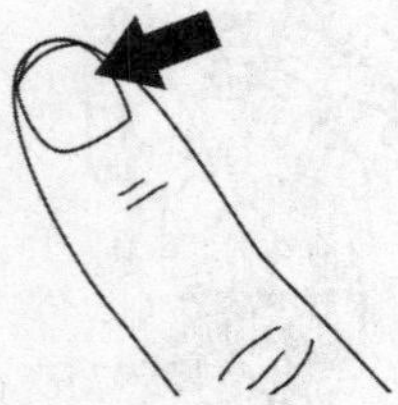

2.   

3.   

4.   

Copyright © McGraw-Hill Education

Nombre_____

Puedes escuchar el sonido **y** al comienzo de las palabras **yate** y **yema**. Con este sonido podemos formar las sílabas **ya, ye, yi, yo** y **yu**.

Lee la palabra. Escribe la sílaba con *y*. Encierra en un círculo el dibujo que corresponde a esa palabra.

I. reyes _____

2. rayo _____

3. payaso _____

4. desayuno _____

Copyright © McGraw-Hill Education

Nombre_____

Puedes escuchar el sonido **ñ** en las palabras **otoño** y **mañana**. Con este sonido podemos formar las sílabas **ña, ñe, ñi, ño** y **ñu**.

Completa las oraciones con las palabras del recuadro.

| bañera | leña | piña | baño | pañal |

1. En la chimenea, quemamos _____.

2. Ayer comimos helado de _____.

3. Hoy tomé un _____

en la _____.

4. El bebé usa _____.

Copyright © McGraw-Hill Education

Nombre_____

Completa cada oración con estas palabras.

| dentro   encima   ocho   suelo   tierra   trabajo |

1. ¿Qué hay _____ de la bolsa?

2. ¡Mira mi _____!

3. Ponemos un árbol en la _____.

4. Tomás recoge la ropa del _____.

5. Mi hermano tiene _____ años.

6. El gato está echado _____ del cojín.

Copyright © McGraw-Hill Education

Nombre⎯⎯⎯⎯⎯⎯⎯⎯⎯⎯⎯⎯⎯⎯⎯⎯⎯⎯

Completa la tabla de orden de los sucesos. Usa palabras del texto.

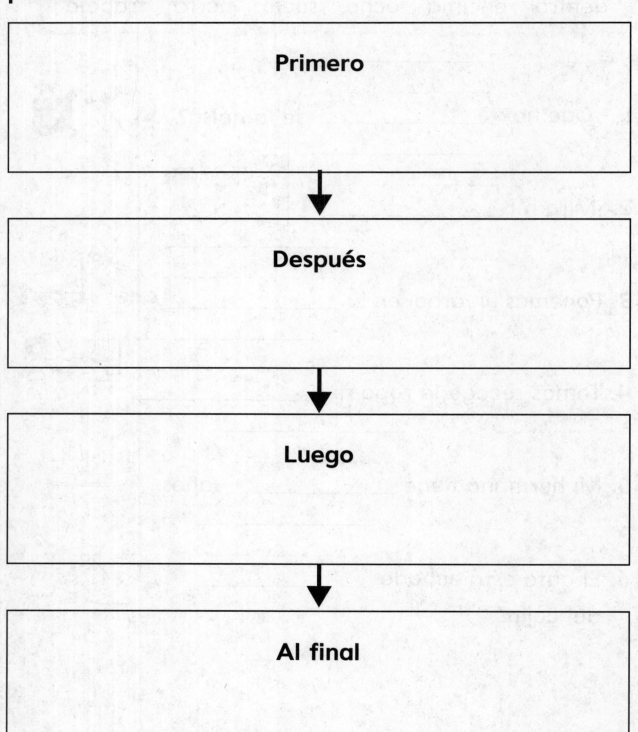

Primero

Después

Luego

Al final

Copyright © McGraw-Hill Education

Los alimentos de la tierra
son ricos y nos ayudan a
estar sanos.

④

Los alimentos
de la tierra

Mira estos cultivos.
Los viñedos nos dan uvas en
enredaderas.
Las habas crecen justo
encima de la tierra.

①

Copyright © McGraw-Hill Education

Después de eso, vamos al mercado y elegimos los alimentos que comeremos en casa.

③

Cuando están maduros, es momento de sacar las uvas y los vegetales de la planta. De ahí, irán al mercado.

②

Copyright © McGraw-Hill Education

Nombre_____

A. Vuelve a leer "Los alimentos de la tierra". Piensa en lo que sucede con los alimentos en cada etapa. Responde las preguntas.

1. ¿Qué sucede primero con los alimentos?

_____

- -

_____

2. ¿Qué sucede con los alimentos después de que maduran?

_____

- -

_____

3. ¿Qué sucede luego con los alimentos?

_____

- -

_____

4. ¿Qué sucede con los alimentos al final?

_____

- -

_____

B. Completa la oración con los alimentos que elige la familia.

_____

- -

5. La familia elige _____.

Copyright © McGraw-Hill Education

Nombre_____

> Las palabras que terminan con **-al** suelen indicar que una cosa está relacionada con otra o referirse a un lugar donde hay una gran cantidad de algo.

Lee las palabras del recuadro y úsalas para completar las oraciones.

> rosal   basural   yuyal   otoñal   cañaveral

_____

1. Un arbusto de rosas es un _____.

_____

2. Un lugar donde hay cañas es un _____.

3. Las hojas caen de los árboles y dan una imagen _____.

_____.

4. Un lugar donde hay yuyos es un _____.

5. Un lugar donde se amontona basura es un _____.

Copyright © McGraw-Hill Education

Nombre_____

A. Lee el siguiente borrador. Las preguntas te servirán para agregar más detalles con los cuales respaldar la opinión.

Borrador

Es bueno cultivar nuestros propios alimentos.
Puedes cultivar muchos tipos de plantas.
Entonces, sabrás de dónde viene tu comida.

I. ¿Qué opinión se brinda en el texto?

2. ¿Qué detalle respalda esta opinión?

3. ¿Qué otros detalles podrías agregar para respaldar la opinión?

B. Ahora, corrige el borrador y agrega más detalles para respaldar la opinión.

_____

_____

_____

_____

_____

_____

Copyright © McGraw-Hill Education

Nombre_____

> Una **tabla** muestra información de manera organizada.

A. Usa la tabla para comparar los alimentos. Responde las preguntas.

Colores de los alimentos		
Anaranjado	**Morado**	**Verde**
naranja piña _____ - - - - - - - - - - - _____	berenjena mora - - - - - - - - - - - _____	lima habas - - - - - - - - - - - _____

1. Encierra en un círculo los alimentos que son verdes.

tomate   lima   habas

2. ¿De qué color son las berenjenas?

_____

- - - - - - - - - - - - - - - - - - -

_____

B. Piensa en otros alimentos anaranjados, morados o verdes. Agrega los nombres en la tabla.

Copyright © McGraw-Hill Education

Nombre_____

Di el nombre de cada dibujo. ¿Con qué sílaba comienza? Une con una línea los nombres que tienen la misma sílaba.

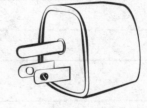

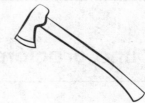

Copyright © McGraw-Hill Education

Nombre_____

Puedes escuchar el sonido **ch** al comienzo de las palabras **chico** y **chapoteo**. Con este sonido podemos formar las sílabas **cha, che, chi, cho** y **chu**.

A. Lee las palabras del recuadro. Escribe la palabra que nombra cada dibujo.

| cuchara | colchón | salchicha | chupete |

_____

_____

_____

_____

B. Escribe una oración con una de las palabras.

_____

_____

Copyright © McGraw-Hill Education

Nombre_____

Completa cada oración con una palabra del recuadro.

atrás   aunque   entonces   muestro   puede   trae

_____
- - - - - - - - - - - - - - -
1. Un conejo _____ saltar alto.

_____
- - - - - - - - - - - - - -
2. Pati tiró la pelota hacia _____.

_____
- - - - - - - - - - - - -
3. Tomi me _____ una naranja.

_____
- - - - - - - - - - - - -
4. _____ es otoño, hace calor.

_____
- - - - - - - - - - - - -
5. Le _____ esa casa a papá.

_____
- - - - - - - - - - - - -
6. Hoy hay sol. _____,
vamos al parque.

Copyright © McGraw-Hill Education

Nombre_____

| formidable | Algo **formidable** es algo muy grande o muy bueno. |
| orgulloso | Estar **orgulloso** es estar satisfecho por algo que uno tiene o por un logro. |

A. Une cada oración con el dibujo correspondiente.

1. Estoy **orgulloso** de lo que puedo hacer.

a.

2. Este museo es **formidable**.

b.

B. Completa las oraciones.

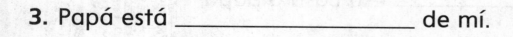

formidable orgulloso

_____

3. Papá está _____ de mí.

4. La vista desde el balcón es _____.

Copyright © McGraw-Hill Education

Un chasco para Chola

Cuando despertó, Coyote tenía mucho apetito.

—Allá está Chola —dijo Coyote—. Le pediré un huevo para desayunar.

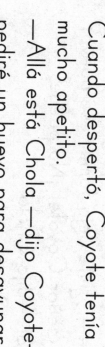

Pero cuando Coyote fue vestido a buscar a Chola, ella dijo:

—Aunque se puso la ropa del amo, ahí atrás veo su cola, señor Coyote. ¡Y no le daré el huevo!

④

①

Copyright © McGraw-Hill Education

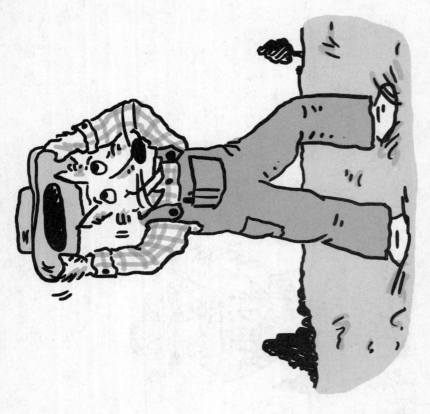

Coyote pensó cómo despistarla. Entonces, se puso un mameluco y una camisa.

—¡Qué chasco para Chola! —dijo Coyote—. ¡Pensará que soy el amo!

③

—Hola, señora Chola —dijo Coyote—. ¿Me deja tomar ese huevo?

—¡No, señor Coyote! ¡No puede tomarlo! —dijo Chola.

②

Copyright © McGraw-Hill Education

Nombre_____

A. Vuelve a leer "Un chasco para Chola". Usa los números para contar el orden de los sucesos.

Escribe <u>I</u> si la oración y la ilustración cuentan qué pasó primero.

Escribe <u>2</u> si la oración y la ilustración cuentan qué pasó después.

Escribe <u>3</u> si la oración y la ilustración cuentan qué pasó al final.

_____

- - - - - - -

I. Coyote se puso un mameluco y una camisa. _____

- - - - - - -

2. —Allá está Chola —dijo Coyote. _____

3. —Aunque se puso la ropa del amo, ahí atrás

- - - - - - -

veo su cola, señor Coyote. _____

B. Trabaja con un compañero. Lee el cuento en voz alta. Presta atención a la entonación. Detente después de un minuto. Completa la tabla.

	Palabras leídas	–	Cantidad de errores	=	Total de palabras correctas
Primera lectura		–		=	
Segunda lectura		–		=	

Copyright © McGraw-Hill Education

Nombre_____

> Un **diccionario** es un libro que indica el significado de las palabras. También muestra cómo se usa una palabra en una oración.
>
> Usamos un **diccionario** para saber qué significa una palabra.

A. Lee las palabras y el significado en un diccionario.

> **formidable**   muy grande, muy bueno
> La salida del sol es algo **formidable**.
>
> **orgulloso**   satisfecho por un logro
> Mi papá está **orgulloso** de mí.

B. Elige el significado correcto de la palabra. Rellena el círculo.

1. formidable   ○ muy bueno   ○ espantoso
2. orgulloso   ○ molesto   ○ satisfecho

C. Completa con una palabra del recuadro.

_____
_____.

3. Mi perro es un nadador _____.
_____
_____.

4. Santi está _____ de su dibujo.

Copyright © McGraw-Hill Education

Nombre_____

Completa la tabla de orden de los sucesos. Usa palabras del texto.

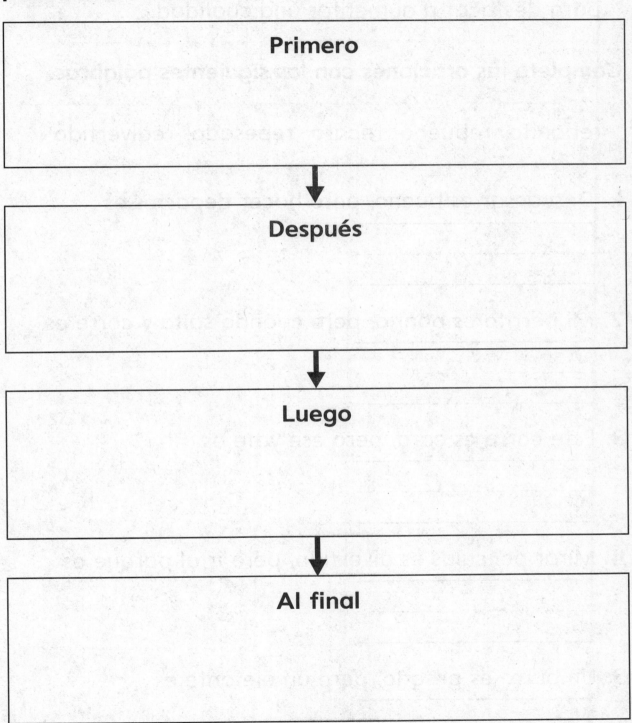

Primero

Después

Luego

Al final

Copyright © McGraw-Hill Education

Nombre_____

> A algunas palabras se les agrega **re-** al principio para destacar o aumentar una cualidad.

Completa las oraciones con las siguientes palabras.

> rebonito   rebueno   recaro   repesado   redivertido

1. Descansar es bueno, pero hacer deportes es

_____

- - - - - - - - - - - - - - - - - - - -

_____ .

2. Mi perrito es bonito, pero cuando salta y corre es

_____

- - - - - - - - - - - - - - - - - - - -

_____ .

3. Este carro es caro, pero ese yate es

_____

- - - - - - - - - - - - - - - - - - - -

_____ .

4. Mirar películas es divertido, pero ir al parque es

_____

- - - - - - - - - - - - - - - - - - - -

_____ .

5. Un burro es pesado, pero un elefante es

_____

- - - - - - - - - - - - - - - - - - - -

_____ .

Copyright © McGraw-Hill Education

Nombre_____

A. Lee el siguiente borrador. Las preguntas te servirán para agregar lenguaje figurado.

> ### Borrador
>
> Mi mejor amiga se llama Paula. Es una niña muy buena y siempre ayuda a todos. Paula es un sol.

1. ¿Cuál es el tema del texto?

2. ¿Qué ejemplos de lenguaje figurado contiene el texto?

3. ¿Qué otros ejemplos de lenguaje figurado podrías usar para describir a la niña?

B. Ahora, corrige el borrador y agrega otros ejemplos de lenguaje figurado para describir a la niña.

_____

_____

_____

_____

_____

_____

Copyright © McGraw-Hill Education

Nombre_____

Una **tabla** muestra información de manera organizada.

Lee la tabla.

Mapache	Ballena
Vive en los árboles.	Vive en el agua.
Tiene cola.	Tiene cola.
Tiene pelaje.	No tiene pelaje.
Es un mamífero.	Es un mamífero.

A. Encierra en un círculo la respuesta correcta. Usa la tabla como ayuda.

I. ¿Cuál tiene cola?

    mapache   ballena   los dos

2. ¿Cuál tiene pelaje?

    mapache   ballena   los dos

3. ¿Cuál vive en el agua?

    mapache   ballena   los dos

B. Usa la tabla para responder la pregunta.

4. ¿En qué se parecen un mapache y una ballena?

_____

- -

_____

Copyright © McGraw-Hill Education

Nombre_____

Encierra en un círculo los dibujos cuyo nombre tiene el sonido y de la letra ll.

Copyright © McGraw-Hill Education

Nombre_____

Di el nombre de cada dibujo. Haz una cruz sobre los dibujos cuyo nombre tiene el sonido <u>u</u> de la letra *w*.

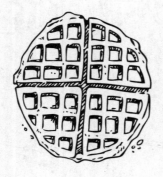

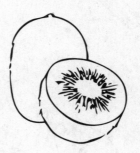

Copyright © McGraw-Hill Education

Nombre_____

> Las palabras **llama** y **llover** comienzan con el sonido **y** y la letra *ll*. Con este sonido y con esta letra podemos formar las sílabas **lla, lle, lli, llo** y **llu**.

A. Lee las palabras de cada punto. Busca en el recuadro una palabra con la que rime y escríbela.

> valle   camello   silla   rollo   anillo

_____

1. polilla _____

2. pollo _____

3. calle _____

B. Completa las oraciones con las palabras del recuadro que no usaste.

4. A mamá le regalaron un _____ de oro.

5. El _____ tiene dos jorobas.

Copyright © McGraw-Hill Education

Nombre_____

Las palabras **Wilson** y **Wichita** comienzan con
el sonido **u** y letra *w*. Con este sonido y esta letra
podemos formar las sílabas **wa, we, wi, wo** y **wu**.

**Lee las palabras del recuadro y úsalas para
completar las oraciones.**

Walter	sándwich	kiwi	Wanda	Hawái

_____
- - - - - - - - - - - - - -

1. Sara come un _____.

_____
- - - - - - - - - - - - - -

2. _____ está formado por islas. **Hawái**

_____
- - - - - - - - - - - - - -

3. Me encanta el _____.

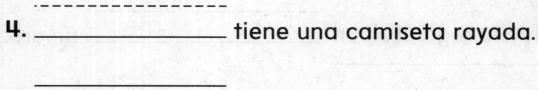

_____
- - - - - - - - - - - - - -

4. _____ tiene una camiseta rayada.

_____
- - - - - - - - - - - - - -

5. _____ tiene un vestido a lunares.

Copyright © McGraw-Hill Education

Nombre_____

Completa las oraciones con las palabras del recuadro.

cuerpo difícil empezar hacia porque seguir

_____

1. El _____ de la ardilla
es pequeño y peludo.

_____

2. Está por _____ la clase.

_____

3. Voy a _____ leyendo.

_____

4. Saludo _____ me voy.

_____

5. Nadamos _____ la costa.

_____

6. Es _____ parar de jugar.

Copyright © McGraw-Hill Education

Nombre_____

A. Lee las pistas. Mira las ilustraciones. Luego, escribe una palabra de vocabulario del recuadro junto a la pista correspondiente.

compañero   peligro

_____
- - - - - - - - - - - - - - - -

I. Esa rama no está firme. _____

_____
- - - - - - - - - - - - - - - -

2. Juntos formamos una torre. _____

B. Escoge una palabra del recuadro y úsala en una oración. Luego, ilustra la oración.

_____
- -

3. _____

Copyright © McGraw-Hill Education

Trabajo en equipo

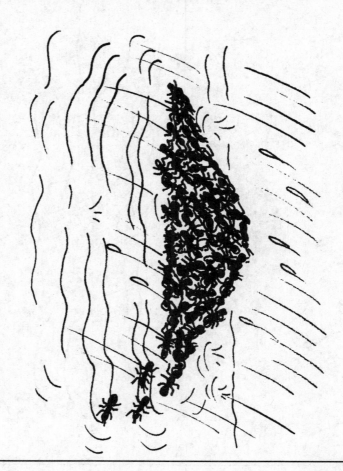

La balsa salva a las termitas. Ellas nadan en la balsa. Si no para de llover, nadarán unidas hacia el termitero.

④

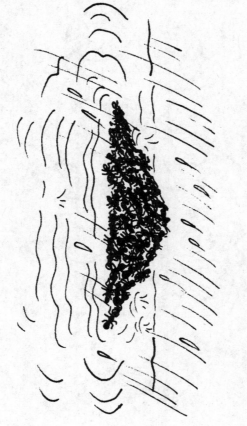

De pronto, se puso a llover. Hay agua por todos lados. ¿Cómo se ponen a salvo las termitas? Deben empezar a moverse.

①

Copyright © McGraw-Hill Education

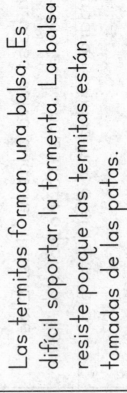

Las termitas forman una balsa. Es difícil soportar la tormenta. La balsa resiste porque las termitas están tomadas de las patas.

③

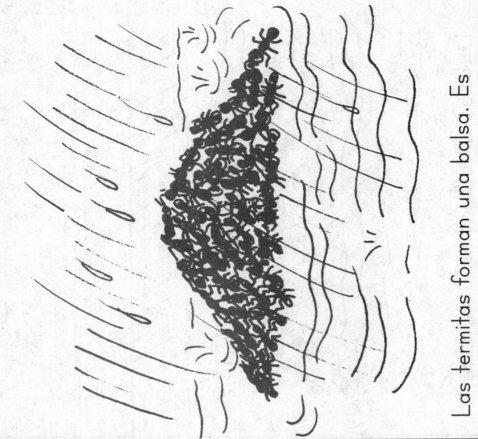

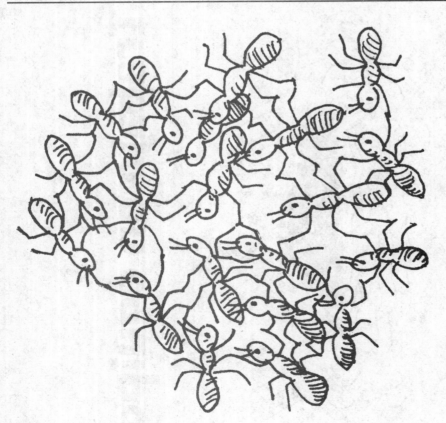

Todas las termitas colaboran. ¡Eso es trabajo en equipo! Forman una pila. Después, se toman de las patas, como para formar un solo cuerpo.

②

Copyright © McGraw-Hill Education

Nombre_____

A. Vuelve a leer "Trabajo en equipo" y responde las preguntas.

I. ¿Qué salva a las termitas?

_____

- -

_____

2. ¿Qué hacen las termitas con las patas?

_____

- -

_____

3. ¿Qué forman las termitas?

_____

- -

_____

4. ¿Cómo ayuda la balsa a las termitas?

_____

- -

_____

B. Trabaja con un compañero o compañera. Lee el texto en voz alta. Presta atención a la entonación. Detente después de un minuto. Completa la tabla.

	Palabras leídas	–	Cantidad de errores	=	Total de palabras correctas
Primera lectura		–		=	
Segunda lectura		–		=	

Copyright © McGraw-Hill Education

Nombre_____

Las **claves de contexto** son palabras que te ayudan a entender el significado de una palabra nueva. Cuando leas una palabra nueva, busca palabras conocidas como ayuda.

Usa las claves de contexto para entender el significado de la palabra en negrilla. Rellena el círculo correcto.

I. Los leones sentados se **relajan** en el pasto.

○ descansan

○ corren

2. Walter **admira** a los leones. Los ve por la ventanilla.

○ aleja

○ observa

3. El león **temeroso** se esconde con mamá.

○ miedoso

○ contento

Copyright © McGraw-Hill Education

Nombre_____

Completa la tabla de idea principal y detalles clave. Usa palabras del texto.

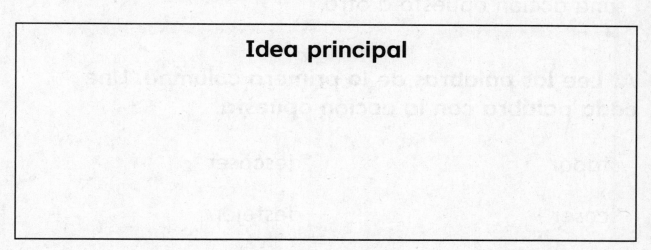

Idea principal

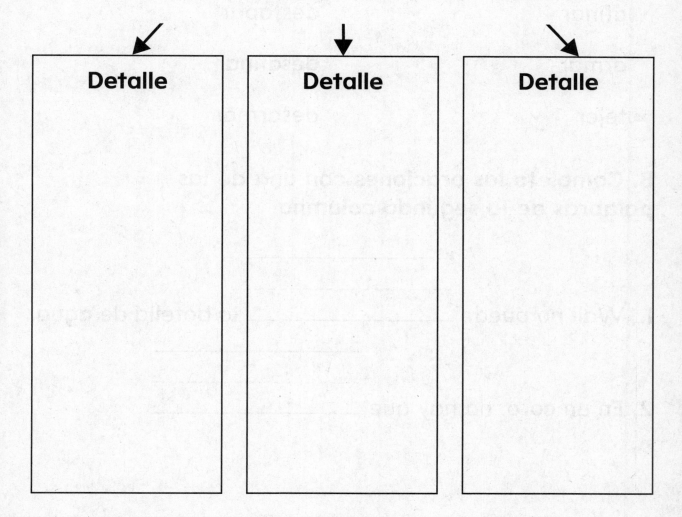

Detalle	Detalle	Detalle

Copyright © McGraw-Hill Education

Nombre_____

> Algunas palabras que empiezan con **des-** indican una acción opuesta a otra.

A. Lee las palabras de la primera columna. Une cada palabra con la acción opuesta.

tapar   descoser

coser   destejer

afinar   destapar

armar   desafinar

tejer   desarmar

B. Completa las oraciones con una de las palabras de la segunda columna.

1. Wali no puede _____ la botella de agua.

2. En un coro, no hay que _____.

Copyright © McGraw-Hill Education

Nombre_____

A. Lee el siguiente borrador. Las preguntas te servirán para poner en orden los pasos.

Borrador

Lee cada pregunta con atención. Entrega tus respuestas. Escribe las respuestas debajo, en las líneas.

I. ¿Sobre qué trata el texto?

2. ¿Qué paso se debe hacer al final?

3. ¿Cómo puedes cambiar las oraciones para poner los pasos en orden?

B. Ahora, corrige el borrador. Pon en orden los pasos y numéralos agregando I, 2 o 3 delante de cada uno.

_____

_____

_____

_____

_____

Copyright © McGraw-Hill Education

Nombre_____

> Un **pie de ilustración** es una descripción breve que te da más información sobre una ilustración.

A. Encierra en un círculo el pie de ilustración que describe el dibujo.

1. Las abejas viven juntas. Las flores tienen polen.

2. Las termitas son pequeñas. Los saltamontes saltan.

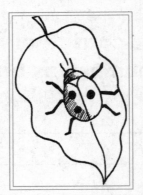

3. Los sapos comen termitas. Las termitas viven en un termitero.

4. Las catarinas tienen manchas. Las arañas tejen telarañas.

B. Escribe otro pie de ilustración posible.

_____

- -

5. _____

Copyright © McGraw-Hill Education

Nombre_____

Di el nombre de cada dibujo. Separa la palabra en sílabas. Encierra en un círculo la cantidad de sílabas que tiene cada palabra.

1.    2   3   4

2.    2   3   4

3.   2   3   4

4.    2   3   4

5.    2   3   4

6.    2   3   4

Copyright © McGraw-Hill Education

Nombre_____

Las palabras **cloro** y **clave** comienzan con las consonantes *c* y *l,* que forman un grupo. Las sílabas **cla, cle, cli, clo** y **clu** comienzan con *cl.*

Completa las oraciones con las palabras del recuadro.

| clase | clima | ciclo | chicle | club | teclas |

_____

‑ ‑ ‑ ‑ ‑ ‑ ‑ ‑ ‑ ‑ ‑

I. El _____ de la costa es húmedo.

_____

‑ ‑ ‑ ‑ ‑ ‑ ‑ ‑ ‑ ‑ ‑

2. No debemos masticar _____

‑ ‑ ‑ ‑ ‑ ‑ ‑ ‑ ‑ ‑ ‑

en _____.

_____

‑ ‑ ‑ ‑ ‑ ‑ ‑ ‑ ‑ ‑ ‑

3. A la tarde iremos al _____.

_____

‑ ‑ ‑ ‑ ‑ ‑ ‑ ‑ ‑ ‑ ‑

4. Clara toca las _____ del piano.

_____

‑ ‑ ‑ ‑ ‑ ‑ ‑ ‑ ‑ ‑ ‑

5. Hoy nos enseñan el _____ de vida

de la mariposa.

Copyright © McGraw-Hill Education

Nombre_____

Completa las oraciones con las palabras del recuadro.

| embargo | gusto | habrá | luego | quien | río |

1. Subiremos la colina y _____ descansaremos.

2. ¿Qué _____ en la bolsa de Clemente?

3. La comida de mi perro tiene _____ a pollo.

4. Dejé mi abrigo aquí; sin _____, no lo veo.

5. Tomi es a _____ ayudo a llevar esto.

6. El clima junto a la costa del _____ es húmedo.

Copyright © McGraw-Hill Education

Nombre_____

A. Lee las claves. Observa las ilustraciones. Luego, escribe una palabra del recuadro debajo de la clave correspondiente.

| insecto   susto |

1. Puede tener alas o muchas patitas.
_____
_ _ _ _ _ _ _ _ _ _ _ _ _ _ _ _ _ _
_____

2. Sientes esto cuando ocurre algo inesperado.
_____
_ _ _ _ _ _ _ _ _ _ _ _ _ _ _ _ _ _
_____

B. Escoge una palabra del recuadro y úsala en una oración. Luego, ilustra la oración.

_____
_ _
3. _____

Copyright © McGraw-Hill Education

La vida de las aves

¿Habrá alguien que no haya visto pájaros volando en el cielo? Las aves tienen alas. Viven en muchas partes, como en una montaña o cerca de un río, y en distintos climas.

①

¿Son inteligentes las aves? ¡Claro que sí! Aunque se alejen del nido para buscar comida, luego hallan el camino para volver.

④

Copyright © McGraw-Hill Education

Cuando un ave hace su casa, no usa clavos ni martillos. Sin embargo, los nidos que arma en los árboles son resistentes. Los arman con ramitas y barro.

③

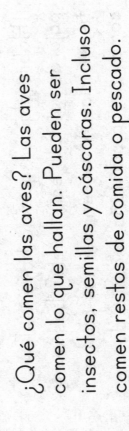

¿Qué comen las aves? Las aves comen lo que hallan. Pueden ser insectos, semillas y cáscaras. Incluso comen restos de comida o pescado.

②

Copyright © McGraw-Hill Education

Nombre_____

A. Vuelve a leer "La vida de las aves". Luego, responde las preguntas.

I. Los detalles clave dan más información sobre la idea principal. Puedes hallar detalles clave en las palabras o las imágenes. Nombra un detalle clave del cuento.

_____

_ _

_____

2. Nombra otro detalle clave del cuento.

_____

_ _

_____

3. La idea principal de un texto es el tema más importante. ¿Cuál es la idea principal de "La vida de las aves"?

_____

_ _

_____

B. Trabaja con un compañero o compañera. Lee el texto en voz alta. Presta atención a la entonación. Detente después de un minuto. Completa la tabla.

	Palabras leídas	–	Cantidad de errores	=	Total de palabras correctas
Primera lectura		–		=	
Segunda lectura		–		=	

Copyright © McGraw-Hill Education

Nombre_____

> Una **categoría de palabras** es un grupo de palabras que se parecen en algo.
>
> Categoría de palabras: **cosas que hace la gente**
>
> jugar, comer, dormir, estudiar

A. Vuelve a leer "La vida de las aves". Luego, busca palabras para cada categoría. Escribe la palabra que falta.

I. Cosas que comen las aves: insectos, semillas,

_____

- - - - - - - - - - - - -

_____   _____

- - - - - - - - - - - - -

2. Cosas que hacen las aves: _____, armar nidos, comer

B. Escribe una categoría de palabras que indique en qué se parecen las palabras de cada grupo.

Categoría de palabras:

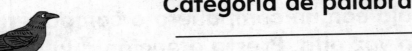

_____

- - - - - - - - - - - - - - - - - - - -

3. alas, pico, patas

_____

- - - - - - - - - - - - - - - - - - - -

4. perros, víboras, pájaros _____

Copyright © McGraw-Hill Education

Nombre_____

Completa la tabla de idea principal y detalles clave. Usa palabras del texto.

Idea principal

Detalle	Detalle	Detalle

Copyright © McGraw-Hill Education

Nombre_____

A B C D E F G H I J K L M N Ñ O P Q R S T U V W X Y Z

Para ordenar las palabras alfabéticamente, miramos la primera letra de cada palabra.

   c̲ama   d̲ama   m̲amá

Si las palabras empiezan con la misma letra, miramos la segunda letra.

   ca̲ro   cl̲aro   co̲mo

Lee las dos palabras. Encierra en un círculo la palabra entre ( ) que sigue por orden alfabético. Escribe la palabra.

1. ramo   remo   (rima ruta) _____

2. casa   claro   (curso correr)_____

3. alto   amor   (antes árbol) _____

4. importante interesante (isla ir) _____

Copyright © McGraw-Hill Education

Nombre_____

A. Lee el siguiente borrador. Las preguntas te servirán para agregar una oración en la que presentes el tema.

Borrador

Los pájaros vuelan para buscar semillas y otros alimentos. Los perros olfatean para encontrar alimentos. A los gatos les gusta cazar su alimento.

1. ¿Se presenta el tema en el texto?

2. ¿Sobre qué tratan las oraciones?

3. ¿Qué oración podrías agregar para presentar el tema?

B. Ahora, corrige el borrador y agrega una oración en la que presentes el tema.

_____

_____

_____

_____

_____

Copyright © McGraw-Hill Education

Nombre_____

> Algunas palabras ayudan al lector a ver, oír, sentir, oler o saborear algo. Esas palabras se llaman **palabras sensoriales**.

Lee la oración. Subraya la palabra sensorial y escríbela.

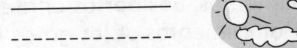

1. ¡Qué día luminoso! _____

_____

2. Había mucho alboroto en la clase. _____

_____

3. El pollito es esponjoso. _____

_____

4. El olor del pastel es apetitoso. _____

_____

5. Los pétalos de las flores son sedosos. _____

_____

6. El helado dejó una mancha espesa. _____

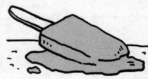

Copyright © McGraw-Hill Education

Nombre_____

Colorea los dibujos cuyo nombre tiene el sonido <u>cr</u>.

Copyright © McGraw-Hill Education

Nombre_____

Las palabras **cr̲ónica** y **cr̲eyón** comienzan con las consonantes *c* y *r*, que forman un grupo. Las sílabas **cra, cre, cri, cro** y **cru** comienzan con *cr*.

A. Escribe una palabra del recuadro para cada dibujo.

secreto   croqueta   cráter   escritor

1. _____

2. _____

3. _____

4. _____

B. Escribe una oración con una palabra del recuadro.

5. _____

Copyright © McGraw-Hill Education

Nombre_____

Completa las oraciones con las palabras del recuadro.

| esfuerzo estudio existen grupo libro problema |

1. El _____ de los animales
es interesante.

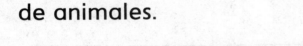

2. _____ muchas clases
de animales.

3. Este _____ es difícil.

4. Nos costó mucho _____
reparar la cadena.

5. Mamá me lee un _____.

6. Las abejas viven en _____.

Copyright © McGraw-Hill Education

Nombre_____

A. Escribe una oración con la palabra <u>hermoso</u>. Luego, haz un dibujo para ilustrar tu oración.

_____

- -

_____

B. Escribe una oración con la palabra <u>elegante</u>. Luego, haz un dibujo para ilustrar tu oración.

_____

- -

_____

Copyright © McGraw-Hill Education

Clarita y Crispín se quedaron en el árbol. Allí pasaron muchos días dormidos. Un día de sol, los insectos despertaron.

—¡Ya hace calor! —dijo Clarita. Entonces, saludaron al grupo y volaron hacia las flores.

④

Copyright © McGraw-Hill Education

Clarita y Crispín

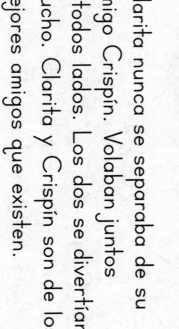

Clarita nunca se separaba de su amigo Crispín. Volaban juntos a todos lados. Los dos se divertían mucho. Clarita y Crispín son de los mejores amigos que existen.

①

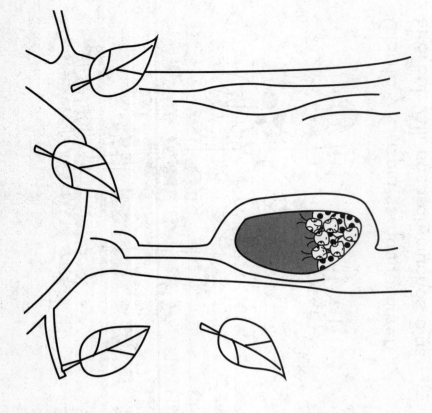

Con esfuerzo, hallaron un árbol donde
quedarse. Dentro de él, oyeron crujidos.
Había un grupo de insectos allí.
—¡Quédense aquí mientras esperamos
el verano! —les dijeron, invitándolos.

③

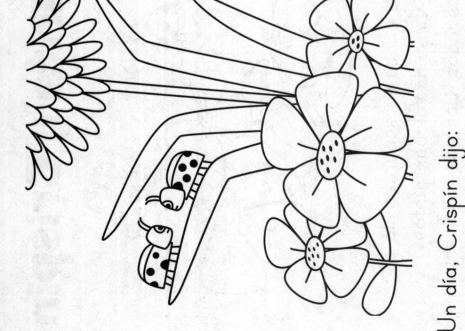

Un día, Crispín dijo:
—Tenemos un problema. Pronto
será otoño. Debemos hallar un árbol
para dormir.
—Busquemos uno —dijo Clarita.

②

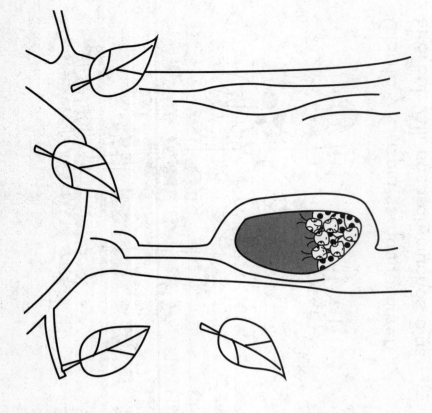

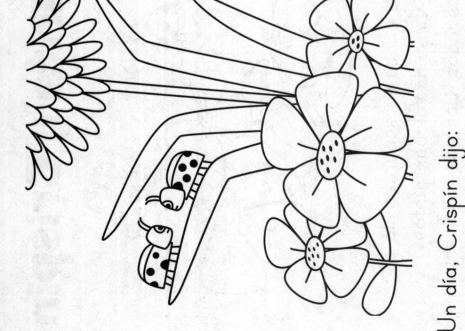

Copyright © McGraw-Hill Education

Nombre_____

A. Vuelve a leer "Clarita y Crispín". Encierra en un círculo la palabra que completa las oraciones. Escríbela.

1. Los personajes del cuento son _____.

insectos　　árboles

2. Crispín dice que deben _____.

volar　　dormir

3. El grupo de insectos los invita a _____.

quedarse　　irse

4. Con el calor, Clarita y Crispín _____.

se quedaron en el árbol　　volaron hacia las flores

B. Trabaja con un compañero o compañera. Lee el cuento en voz alta. Presta atención a la entonación. Detente después de un minuto. Completa la tabla.

	Palabras leídas	–	Cantidad de errores	=	Total de palabras correctas
Primera lectura		–		=	
Segunda lectura		–		=	

Copyright © McGraw-Hill Education

Nombre_____

Las **claves de contexto** son palabras que nos ayudan a entender el significado de una palabra nueva. Busca las claves de contexto en la misma oración o en las oraciones cercanas.

Usa las claves de contexto para entender el significado de la palabra en negrilla. Rellena el círculo junto al significado de la palabra.

1. La catarina tiene **manchas** o lunares en las alas.

   ○ pintas

   ○ patas

2. La mayoría de las arañas son **inofensivas** y no nos hacen daño.

   ○ buenas

   ○ venenosas

3. Esta larva tiene **vellos**, o pelos cortos.

   ○ ojos

   ○ pelos

Copyright © McGraw-Hill Education

Nombre

Completa la tabla de punto de vista. Usa palabras del texto.

Personaje	Ambiente	Punto de vista

Copyright © McGraw-Hill Education

Nombre_____

> Una **palabra compuesta** está formada por dos o más palabras.
>
> **tela + araña = telaraña**

A. Lee las palabras del recuadro. Escribe la palabra compuesta del recuadro junto a las palabras que la forman.

> espantapájaros   pelirrojo   quitamanchas   hojalata

I. pelo + rojo _____

2. hoja + lata _____

3. quitar + manchas _____

4. espantar + pájaros _____

B. Escribe una oración con una palabra compuesta.

_____

_____

_____

Copyright © McGraw-Hill Education

Nombre_____

A. Lee el siguiente borrador. Las preguntas te servirán para escribir una conclusión sólida.

Borrador

Las hormigas son pequeñas pero fuertes. Trabajan juntas para construir montañas de tierra alrededor de los túneles. Un equipo de hormigas puede mover un insecto grande o una hoja.

I. ¿Cuál es el tema del texto?

2. ¿Qué detalles están relacionados con el tema?

3. ¿Qué información podrías incluir en una conclusión?

B. Ahora, corrige el borrador y escribe una conclusión en la que resumas el texto e incluyas la idea principal.

_____

- -

_____

- -

_____

- -

_____

Copyright © McGraw-Hill Education

Nombre_____

> Los **títulos** y **subtítulos** informan a los lectores sobre el contenido de un texto o de una parte del texto.

Lee el texto. Sigue las instrucciones.

Las abejas

A. La colmena

Las abejas viven en comunidad. Una comunidad de abejas es una colmena. Las colmenas están formadas por panales, o conjuntos de recámaras, que forman un nido. Por lo general, los nidos de las abejas están en los árboles.

B. Las abejas tienen un trabajo importante. Toman néctar de las flores para elaborar la miel en la colmena. Allí están las abejas bebés, o larvas. Las abejas adultas se ocupan de alimentarlas.

I. ¿De qué trata el artículo? Encierra en un círculo la respuesta.

arañas   abejas   insectos

2. Encierra en un círculo un subtítulo del texto.

3. En la sección B, falta el subtítulo. Escribe uno aquí.

_____

- -

_____

Copyright © McGraw-Hill Education

Nombre

Colorea los dibujos cuyo nombre tiene las sílabas *ga, go* o *gu*. Encierra en un círculo los dibujos cuyo nombre tiene las sílabas *gue* o *gui*.

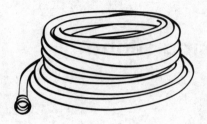

Copyright © McGraw-Hill Education

Nombre_____

> Puedes escuchar el sonido **g** al comienzo de las palabras **gato** y **guinda**. Con este sonido podemos formar las sílabas **ga, gue, gui, go** y **gu**.

A. Une las palabras que tienen la misma sílaba con el sonido g.

I. canguro	**a.** lechuga
3. higuera	**b.** laguna
2. anguila	**c.** guerrero
4. domingo	**d.** guijarro
5. garrote	**e.** algodón

B. Escribe una oración con una palabra que tenga el sonido g.

_____

_____

_____

_____

Copyright © McGraw-Hill Education

Nombre_____

Completa las oraciones con una palabra del recuadro.

encontrar	escuchar	hablar
blanco	quizá	escribe

_____
- - - - - - - - - - -

1. No puedo _____ mi anillo.

_____
- - - - - - - - - - -

2. _____ coma una naranja.

_____
- - - - - - - - - - -

3. No me gusta _____ el despertador a la mañana.

_____
- - - - - - - - - - -

4. Dejé el suéter _____ en el perchero.

_____
- - - - - - - - - - -

5. Gabi _____ una rima.

_____
- - - - - - - - - - -

6. La señora Morales va a _____ sobre animales.

Nombre_____

A alguien **astuto** se le ocurren buenas ideas.

El astuto niño halló la respuesta al problema.

Una **señal** indica que debemos hacer algo.

La señora Morales nos dará la señal para que formemos una fila.

Completa las oraciones con <u>astuto</u> o <u>señal</u>.

1. Karin le hizo una _____ a Gabi.

2. El _____ oso halló el panal.

3. La campana da la _____ para ir a clase.

4. Gusti es muy _____: usó una rama como ayuda.

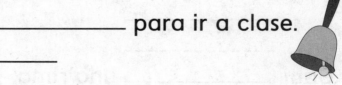

Copyright © McGraw-Hill Education

Copyright © McGraw-Hill Education

Para que el perrito aprenda, debes hablar y usar gestos. Muéstrale una galleta para perros. Dile: "¡Sentado!". ¿Qué hará el perrito? ¡Quizá se quede sentado!

④

Un nuevo amigo

Albergue para animales

¿Te gustan los perritos? Aquí vas a encontrar uno. Todos son lindos. Debes escuchar a esta señora: ella puede ayudarte a escoger el perrito indicado para tu familia.

①

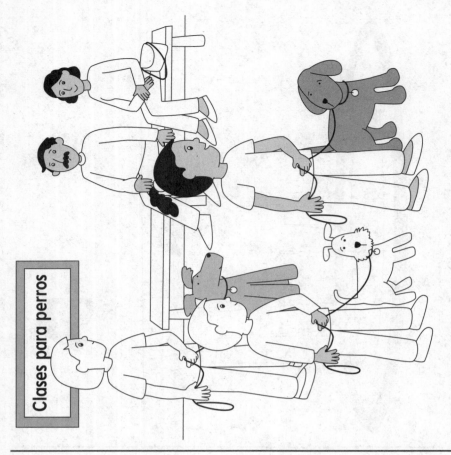

Clases para perros

Puedes llevar al perrito a una clase o enseñarle en casa. ¿Qué se le puede enseñar al nuevo amigo? Se le puede enseñar a sentarse.

③

Albergue para animales

Ya escogiste el perrito que te gusta. Ahora, lo llevas a casa. Atender a un perrito da bastante trabajo. ¿Por qué? Primero debes enseñarle algunas cosas.

②

Copyright © McGraw-Hill Education

Nombre_____

A. Vuelve a leer "Un nuevo amigo". Piensa en lo que sucede en el texto. Ordena los pasos del 1 al 4.

_____

- - - - - - -

_____ Le enseñas al perrito.

_____

- - - - - - -

_____ Escoges un perrito. Lo llevas a casa.

_____

- - - - - - -

_____ Buscas un perrito.

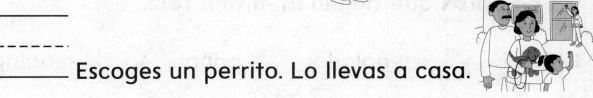

_____

- - - - - - -

_____ El perrito hace lo que le enseñaste.

B. Trabaja con un compañero o compañera. Lee el texto en voz alta. Presta atención a la entonación. Detente después de un minuto. Completa la tabla.

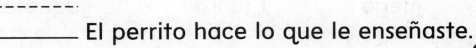

	Palabras leídas	–	Cantidad de errores	=	Total de palabras correctas
Primera lectura		–		=	
Segunda lectura		–		=	

Copyright © McGraw-Hill Education

Nombre_____

> La **raíz** es la parte principal de una palabra. Con una misma raíz, podemos formar palabras relacionadas.
>
> <u>salt</u>ar   <u>salt</u>o   <u>salt</u>arín

A. Lee la primera palabra. Encierra en un círculo las palabras que tienen la misma raíz.

I. señal   señalador   pañal   señalar

2. cantar   campana   cantante   canto

3. gota   gotero   gotera   gato

4. jugar   juego   jonrón   juguete

5. niño   niñera   nidito   niñito

B. Escribe por lo menos dos palabras que tengan la raíz <u>pan</u>.

_____

- -

_____

Copyright © McGraw-Hill Education

Nombre_____

Completa la tabla de orden de los sucesos. Usa palabras del texto.

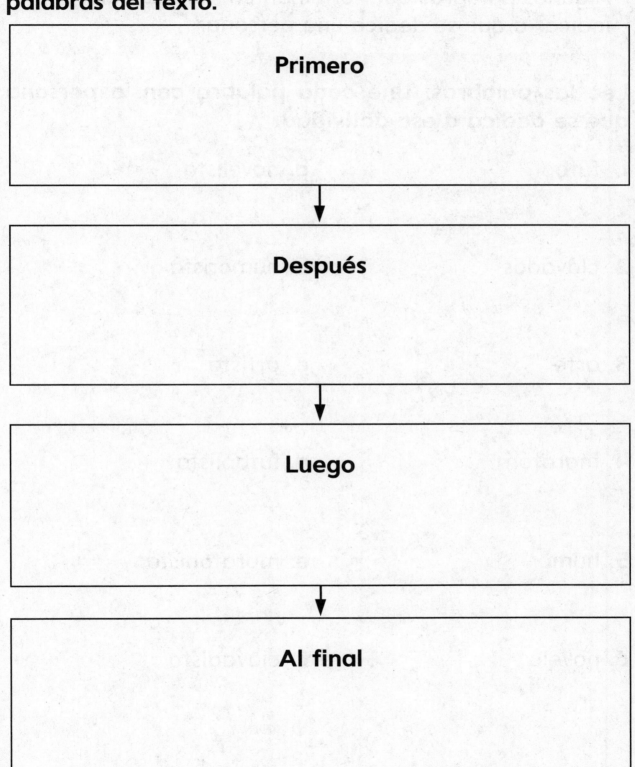

Primero

Después

Luego

Al final

Copyright © McGraw-Hill Education

Nombre_____

> Algunas palabras que terminan en **-ista** suelen indicar a qué se dedica una persona.

Lee las palabras. Une cada palabra con la persona que se dedica a esa actividad.

l. fútbol

a. novelista

2. clavados

b. humorista

3. arte

c. artista

4. maratón

d. futbolista

5. humor

e. maratonista

6. novela

f. clavadista

Copyright © McGraw-Hill Education

Nombre_____

A. Lee el siguiente borrador. Las preguntas te servirán para agregar palabras que indican orden.

Borrador

Un cachorro es elegido como perro guía.
El cachorro aprende tareas especiales,
como llevar cosas o caminar con alguien
que no puede ver. El cachorro va a vivir con
alguien que necesita ayuda.

I. ¿Cuál es el tema del texto?

2. ¿Qué sucede primero? ¿Qué sucede después?

3. ¿Qué palabras que indican orden podrías agregar para hacer que el texto sea más claro?

B. Ahora, corrige el borrador y agrega palabras que indican orden para hacer que el texto sea más claro.

_____

- -

_____

- -

_____

- -

Copyright © McGraw-Hill Education

Nombre_____

> Un **pie de ilustración** o **pie de foto** da más información a los lectores sobre una ilustración o una fotografía.

Observa las ilustraciones. Lee el pie de ilustración. Usa la ilustración y el pie de ilustración para responder las preguntas.

Algunos pájaros arman su nido en los árboles.

1. ¿Quiénes arman su nido en los árboles? Encierra en un círculo la respuesta.

   pájaros   gatos   perros

A Gabi y su papá les gusta pescar.

2. ¿Qué les gusta hacer a Gabi y su papá? Escribe la respuesta.

   _____

   - - - - - - - - - - - - - - - - - -

   _____

Copyright © McGraw-Hill Education

Nombre_____

Di el nombre de cada dibujo. Une los dibujos cuyo nombre tiene la misma sílaba con el sonido s.

Copyright © McGraw-Hill Education

Nombre_____

> La letra *z* tiene el sonido **s̲**. Con esa letra y ese sonido podemos formar las sílabas *za, ze, zi, zo, zu* y sílabas que terminan en *z*. La letra *c* tiene el sonido **s̲** cuando está frente a *e* o *i*. Con esa letra y ese sonido podemos formar las sílabas *ce* y *ci*.

A. Lee las palabras. Une cada dibujo a una palabra.

1. erizo
   lechuza
   zorro

   a.

2. pinza
   lazo
   mazo

   b.

3. azúcar
   taza
   cerillo

   c.

4. pez
   luz
   arroz

   d.

B. Escribe una oración con una palabra con el sonido s̲ de las letras *c* o *z*.

_____

- -

_____

Copyright © McGraw-Hill Education

Nombre_____

Completa las oraciones con las palabras del recuadro.

bien	ciudad	cuatro	iguales	palabra	pues

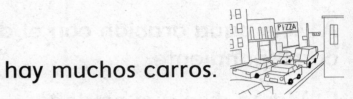

_____

----

1. En la _____ hay muchos carros.

_____

----

2. El gatito se siente _____.

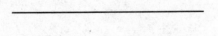

_____

----

3. La _____ "tiburón" tiene tres sílabas.

_____

----

4. Me saqué el abrigo, _____ hace calor.

_____

----

5. Hay _____ columpios en el parque.

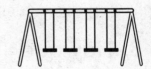

_____

----

6. Los columpios son _____.

Copyright © McGraw-Hill Education

Nombre_____

> **forma:** figura; manera
> La mesa tiene **forma** ovalada.
>
> **tirar:** arrojar; derribar
> Le voy a **tirar** esta pelota a mi perro.

A. Une cada oración con el dibujo correspondiente.

I. Mamá dice que no debo **tirar** los juguetes al suelo.

a.

2. La **forma** de este pastel es redonda.

b.

B. Completa las oraciones con estas palabras.

> forma   tirar

3. Hay que _____ los papeles en el cesto.

4. La galleta tiene _____ de gatito.

Copyright © McGraw-Hill Education

El festejo

—Hoy cumplo cinco años —dijo Gatito.
—¡Qué bien! Hagamos un festejo en la
terraza —dijo Cerdito.
—¡No! —contestó Pollito— ¡Mejor
vayamos al mar!

①

Después, los amigos nadaron en
el mar azul.
—¡Estoy feliz! Pues ustedes son los
mejores amigos —dijo Gatito.
Y los cuatro jugaron toda la tarde
en el agua.

④

Copyright © McGraw-Hill Education

Los cuatro amigos se sentaron en la
arena. Cada uno se puso su gorro
en la cabeza. Almorzaron pastel.
Gatito apagó la velita. Sacó el lazo
de la caja... ¡y le encantó su regalo!

③

—Yo llevaré cuatro gorros iguales —dijo
Cerdito, contento.
—Yo cocinaré un pastel —dijo Perrito.
—Yo le daré un regalo con un bonito
lazo —dijo Pollito.

②

Copyright © McGraw-Hill Education

Nombre_____

A. Vuelve a leer "El festejo". Piensa en el punto de vista de los personajes. Responde las preguntas.

I. ¿Por qué los amigos hacen un festejo?

_____

- - - - - - - - - - - - - - - - - -

_____

2. ¿Cómo sabes que los amigos quieren festejar?

_____

- - - - - - - - - - - - - - - - - -

_____

3. ¿Les gustó el festejo a los amigos? ¿Cómo lo sabes?

_____

- - - - - - - - - - - - - - - - - -

_____

B. Trabaja con un compañero. Lee el pasaje en voz alta. Presta atención a la entonación. Detente después de un minuto. Completa la tabla.

	Palabras leídas	–	Cantidad de errores	=	Total de palabras correctas
Primera lectura		–		=	
Segunda lectura		–		=	

Copyright © McGraw-Hill Education

Nombre_____

Algunas palabras tienen más de un significado.

copa   vaso para beber
copa   parte más alta de un árbol

La **copa** de ese árbol tiene muchas ramas.
La palabra <u>árbol</u> te sirve para entender el
significado correcto de **copa** en la oración.

Lee las oraciones. Rellena el círculo junto a la ilustración que muestra el significado correcto de la palabra en negrilla. Usa otras palabras de la oración como ayuda.

I. Tengo un cheque del **banco**.

Ⓐ

Ⓑ

2. Papá **bate** <u>harina</u> y <u>yemas</u> en un bol.

Ⓐ

Ⓑ

3. ¿En qué **piso** y <u>departamento</u> vives?

Ⓐ

Ⓑ

Copyright © McGraw-Hill Education

Nombre_____

Completa la tabla de punto de vista. Usa palabras del texto.

Personaje	Pista	Punto de vista

Copyright © McGraw-Hill Education

Nombre_____

Algunas palabras que empiezan con *re-* indican la repetición de una acción.

re- + armar = rearmar

A. Lee las palabras de la primera columna. Únelas con la palabra que indica repetición de la acción.

I. organizar

2. leer

3. hacer

4. pensar

5. nacer

a. renacer

b. rehacer

c. reorganizar

d. releer

e. repensar

B. Completa las oraciones con una de las palabras de la segunda columna.

_____

6. Voy a _____ esa página.

_____

7. Debo _____ la tarea.

Copyright © McGraw-Hill Education

Nombre_____

A. Lee el siguiente borrador. Las preguntas te servirán para hacer que todas las oraciones estén completas.

Borrador

Me gustan las frutas y los vegetales. En especial, me encanta. Las zanahorias y los tomates.

I. ¿Cuál es el tema del texto?

2. ¿Qué oración está completa?

3. ¿Qué oraciones están incompletas?

B. Ahora, corrige el borrador para asegurarte de que no haya oraciones incompletas.

_____

_____

_____

_____

_____

_____

Copyright © McGraw-Hill Education

Nombre_____

> Las **fotografías** y algunas **ilustraciones** son imágenes que dan información sobre textos de no ficción. En ellas hallarás datos y detalles.

A. Observa la ilustración. Encierra en un círculo la oración que describe un detalle de la ilustración.

Ellos descansan en las reposeras.

Ellos están nadando.

B. Vuelve a observar la ilustración. Escribe una oración que describa otro detalle de la ilustración.

_____

- -

_____

- -

_____

Copyright © McGraw-Hill Education

Nombre_____

A. Encierra en un círculo los dibujos cuyo nombre tiene <u>ai</u> o <u>au</u>.

B. Colorea los dibujos cuyo nombre tiene <u>ei</u>.

C. Dibuja una cruz sobre los dibujos cuyo nombre tiene <u>oi</u> o <u>eu</u>.

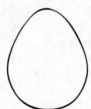 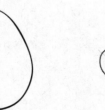   

Copyright © McGraw-Hill Education

Nombre_____

> Las letras *ai, au, ay, ei, eu, ey, oi, oy* forman diptongos. Los **diptongos** se pronuncian en la misma sílaba, como en **cai**mán o **neu**mático.

A. Lee las palabras. Subraya las sílabas con los diptongos *ai, au, ay, ei, eu, ey, oi, oy*.

baile	pausa	paisaje
rey	reina	deuda
estoy	voy	veinte
aullido	hoy	causa
neumático	oigo	aire

B. Clasifica las palabras del ejercicio anterior en las columnas correspondientes.

ai, au, ay	*ei, eu, ey*	*oi, oy*

Copyright © McGraw-Hill Education

Nombre_____

Completa las oraciones con una palabra del recuadro.

ofrece   otro   piensa   podrás   pregunta   quiere

_____

\- \- \- \- \- \- \- \- \- \-

I. Lila _____ una cometa como esa.

_____

\- \- \- \- \- \- \- \- \- \-

2. Tengo una _____ para la maestra.

_____

\- \- \- \- \- \- \- \- \- \-

3. ¿Me das _____ vaso de leche?

_____

\- \- \- \- \- \- \- \- \- \-

4. Ana _____ que mañana estará mejor.

_____

\- \- \- \- \- \- \- \- \- \-

5. ¿Crees que _____ subir al árbol?

_____

\- \- \- \- \- \- \- \- \- \-

6. El vendedor me _____ una bolsa.

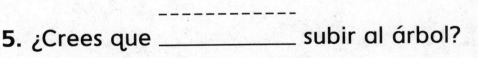

Copyright © McGraw-Hill Education

Nombre_____

> **Enfurruñado** significa "enojado" o "enfadado".
>
> **Exacto** significa "puntual" o "verdadero".

A. Completa las oraciones con una de las palabras.

> enfurruñado   exacto

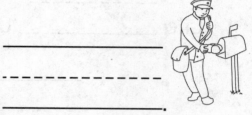

_____
_ _ _ _ _ _ _ _ _ _ _ _ _ _ _

1. El paquete llegó en el momento _____.

_____
_ _ _ _ _ _ _ _ _ _ _ _ _

2. Él está _____ porque va al dentista.

B. Escribe una oración con una palabra del recuadro. Ilustra la oración.

_____
_ _

3. _____

Copyright © McGraw-Hill Education

Maira pide un deseo

—¡Mira qué linda está la luna! Le pediré un deseo —le dijo la conejita Maira al sapo Reinaldo—. Me gustaría tener un gorro de sol para ir mañana al mar.

①

"Pedir ese deseo dio resultado", piensa Maira, con el gorro puesto. Reinaldo la mira contento.

—Creo que yo voy a pedir otro deseo —dice Reinaldo.

—¡Maravilloso! —responde Maira.

④

Copyright © McGraw-Hill Education

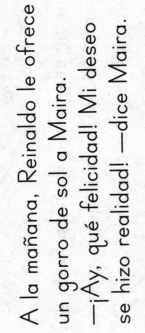

A la mañana, Reinaldo le ofrece
un gorro de sol a Maira.
—¡Ay, qué felicidad! Mi deseo
se hizo realidad! —dice Maira.

③

—Creo que podrás tenerlo —dice
Reinaldo, misterioso.
—Yo opino lo mismo —dice Maira.

②

Copyright © McGraw-Hill Education

Nombre_____

A. Vuelve a leer "Maira pide un deseo". Sigue las instrucciones.

I. ¿A causa de qué Maira pide un deseo?

_____

_____

_____

2. Escribe qué pide Maira en su deseo.

_____

_____

_____

3. ¿Qué efecto tiene el deseo de Maira?

_____

_____

_____

4. ¿Cuál es la causa de que Maira quiera un gorro?

_____

_____

_____

B. Trabaja con un compañero. Lee el pasaje en voz alta. Presta atención a la entonación. Detente después de un minuto. Completa la tabla.

	Palabras leídas	–	Cantidad de errores	=	Total de palabras correctas
Primera lectura		–		=	
Segunda lectura		–		=	

Copyright © McGraw-Hill Education

Nombre_____

Las **variantes del significado** son pequeñas diferencias en el significado de palabras similares.

Lee las oraciones. Luego, escoge la palabra en letras negrillas que mejor responde la pregunta.

1. Paco se mojó. ¿Paco está **empapado** o **húmedo**?

   _____

   -

   _____

2. Tita le da de comer al perro. ¿Tita le **sirve** la comida o la **derrama**?

   _____

   -

   _____

3. Cata piensa que el festejo fue fantástico. ¿Cata piensa que el festejo fue **bueno** o **maravilloso**?

   _____

   -

   _____

Copyright © McGraw-Hill Education

Nombre_____

Completa la tabla de causa y efecto. Usa palabras del texto.

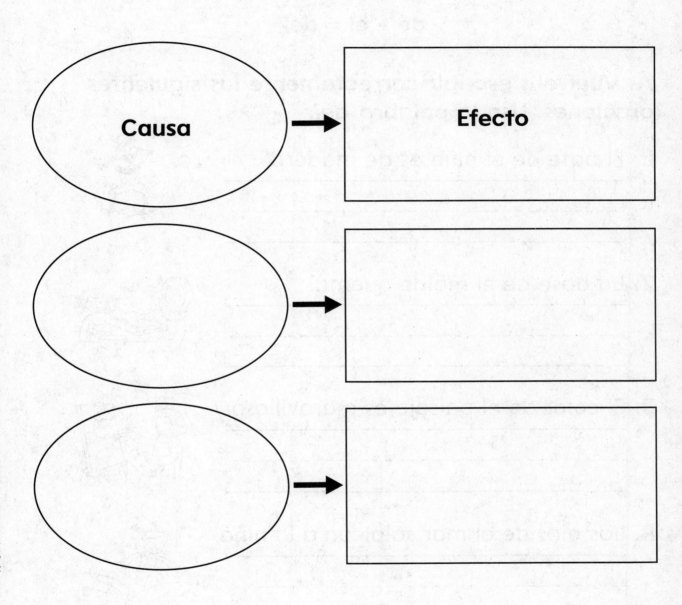

Copyright © McGraw-Hill Education

Nombre_____

> Cuando la palabra **de** está antes de la palabra **el**, se combinan para formar una sola palabra: **del**.
>
> **de + el = del**

A. Vuelve a escribir correctamente las siguientes oraciones. Usa la palabra *del*.

1. El bate de el niño es de madera.

_____

- -

_____

2. La base de el molde quema.

_____

- -

_____

3. El color de el paisaje es maravilloso.

_____

- -

_____

4. Las olas de el mar salpican a la niña.

_____

- -

_____

B. Escribe una oración con la palabra *del*.

_____

- -

_____

Copyright © McGraw-Hill Education

Nombre_____

A. Lee el siguiente borrador. Las preguntas te servirán para agregar palabras descriptivas.

> ## Borrador
>
> Me gusta mirar el cielo de noche con mi papá. Se pueden ver muchas cosas en el cielo. En el cielo hay estrellas. Es inmenso.

I. ¿Cuál es el tema del texto?

2. ¿Qué palabra descriptiva aparece en el texto?

3. ¿Qué otras palabras descriptivas podrías agregar?

B. Ahora, corrige el borrador y agrega palabras descriptivas para hablar del cielo de noche.

_____

- -

_____

_____

- -

_____

_____

- -

_____

Copyright © McGraw-Hill Education

Nombre_____

Un **pie de ilustración** o un **pie de foto** es una descripción breve que da información sobre una ilustración o una fotografía.

Encierra en un círculo el pie de ilustración que informa sobre la ilustración.

I. Papá y Lola miran la Luna.

Papá y Lola leen sobre la Luna.

2. La nave está cerca de la Luna.

La nave aterrizó.

3. Él está en la nave.

Él está en la Luna.

4. Papá mira un mapa.

Papá mira la Luna.

5. Ellos charlan a la noche.

Ellos se bañan en el mar.

6. Ellos tienen cascos.

Ellos tienen rocas.

Copyright © McGraw-Hill Education

Nombre_____

Colorea los dibujos cuyo nombre tiene uno de los siguientes sonidos: ia, ie, io, iu, ua, ue, ui.

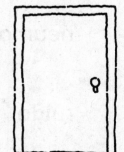

Copyright © McGraw-Hill Education

Nombre_____

Las letras *ia, ie, io, iu, ua, ue, ui, uy* forman diptongos.
Los **diptongos** se pronuncian en la misma sílaba,
como en **di<u>e</u>nte** o **n<u>ue</u>vo**.

Lee las palabras. Encierra en un círculo las palabras que tienen el mismo diptongo.

1. viaje	vieja	copia
2. labio	sucio	boina
3. peine	fiesta	nieve
4. ciudad	cuidado	viudo
5. agua	cuarto	maullar
6. nueve	neumático	abuelo
7. ciudad	ruido	ruinas

Copyright © McGraw-Hill Education

Nombre_____

Completa las oraciones con una palabra del recuadro.

| cualquier doctor maestro nuestro propio través |

_____
- - - - - - - - - - - - - - - - - -
1. Pasamos a _____ del túnel con el carro.

_____
- - - - - - - - - - - - - - - - - -
2. Amalia tiene su _____ armario.

_____
- - - - - - - - - - - - - - - - - -
3. Hicimos una fiesta en _____ patio.

_____
- - - - - - - - - - - - - - - - - -
4. Me gusta _____ sabor de helado.

_____
- - - - - - - - - - - - - - - - - -
5. El _____ dio una clase de ciencias.

_____
- - - - - - - - - - - - - - - - - -
6. Voy al _____ cuando no me siento bien.

Copyright © McGraw-Hill Education

Nombre_____

Las cosas o los sucesos **inusuales**
no se ven todos los días.

¡Algunos gorros son muy inusuales!

Prever algo es pensar en eso antes de
que suceda o antes de hacer una cosa.

Hay muchas nubes en el cielo. Juan
puede prever que va a llover.

**Completa las oraciones con las palabras
inusuales o prever.**

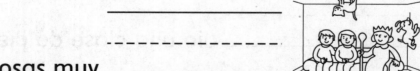

_____

- - - - - - - - - - - - -

I. No pudo _____ que el jarrón se rompería.

_____

- - - - - - - - - - - - -

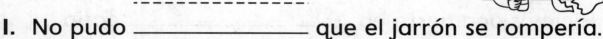

2. Esas casas tienen formas _____.

_____

- - - - - - - - - - - - -

3. Hoy vi cosas muy _____.

_____

- - - - - - - - - - - - -

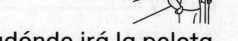

4. La golfista debe _____ adónde irá la pelota.

Copyright © McGraw-Hill Education

④

Amalia hizo algunos cambios.
Los puños quedaron mucho mejor
que antes. Pronto, mucha gente
empezó a usar los puños de
lana. ¡La idea de Amalia fue
muy popular!

Buenas ideas

Cualquier persona puede inventar
algo. Ben Franklin inventó una
estufa y un tipo de anteojos. Incluso
los niños pueden ser inventores.
Esta historia pasó de verdad.

①

Copyright © McGraw-Hill Education

Amalia tuvo una buena idea. Creó unos puños de lana. Pero no funcionaron muy bien. Todavía pasaba la nieve a través de ellos.

③

A Amalia le encantaba el invierno. Le gustaba jugar afuera. Pero las manos se le congelaban con la nieve. Quería pasar más tiempo en la nieve.

②

Copyright © McGraw-Hill Education

Nombre_____

A. Vuelve a leer "Buenas ideas". Luego, escribe "problema" o "solución" junto a cada oración.

I. A Amalia se le congelaban las manos en invierno.

_____

- - - - - - - - - - - - - - -

_____

_____

- - - - - - - - - - - - - - - -

2. Amalia creó unos puños de lana. _____

3. Los puños de Amalia no funcionaron muy bien.

_____

- - - - - - - - - - - - - - -

_____

_____

- - - - - - - - - - - - - - - -

4. Amalia mejoró los puños. _____

B. Trabaja con un compañero. Lee el pasaje en voz alta. Presta atención a la entonación. Detente después de un minuto. Completa la tabla.

	Palabras leídas	–	Cantidad de errores	=	Total de palabras correctas
Primera lectura		–		=	
Segunda lectura		–		=	

Copyright © McGraw-Hill Education

Nombre_____

Un **prefijo** es una parte de una palabra que se agrega al principio de otra palabra y le cambia el significado.

El prefijo **pre-** significa "antes": **pre** + ver = **prever**.

Prever significa "ver o imaginar algo antes de que ocurra".

El prefijo **in-** significa "no": **in** + usual = **inusual**.

Algo **inusual** es algo que no es usual o frecuente.

A. Agrega el prefijo a la palabra. Escribe la palabra nueva. Luego, une la palabra nueva con el dibujo.

1. pre + historia = _____

2. in + móvil = _____

B. Agrega <u>pre</u>**- o** <u>in</u>**- a las palabras del recuadro para formar una palabra nueva. Escribe una oración con cada palabra nueva.**

| seguro   calentar |

3. _____

_____

4. _____

Copyright © McGraw-Hill Education

Nombre_____

Completa la tabla de problema y solución. Usa palabras del texto.

Problema

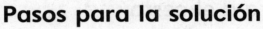

Pasos para la solución

Solución

Copyright © McGraw-Hill Education

Nombre_____

Cuando la palabra **a** está antes de la palabra **el**, se combinan para formar una sola palabra: **al**.

a + el = al

A. Vuelve a escribir correctamente las siguientes oraciones con la palabra *al*.

I. Jugamos a el béisbol.

_____

— — — — — — — — — — — — — — — — — — — —

_____

2. Llevo la basura a el cesto.

_____

— — — — — — — — — — — — — — — — — — — —

_____

3. Llevamos los perritos a el veterinario.

_____

— — — — — — — — — — — — — — — — — — — —

_____

4. Miramos a el cielo.

_____

— — — — — — — — — — — — — — — — — — — —

_____

B. Escribe una oración con la palabra *al*.

_____

— — — — — — — — — — — — — — — — — — — —

_____

Copyright © McGraw-Hill Education

Nombre_____

A. Lee el siguiente borrador. Las preguntas te servirán para agregar más palabras de orden cronológico.

Borrador

Primero, se inventaron los trenes, y la gente pudo viajar más rápido que con los caballos. Se inventaron los coches, y la gente pudo ir más rápido a cualquier lugar. Se inventaron los aviones, y la gente pudo cruzar el océano en pocas horas.

l. ¿Cuál es el tema del texto?

2. ¿Qué palabra de orden cronológico se usa en el texto?

3. ¿Qué otras palabras de orden cronológico podrías agregar?

B. Ahora, corrige el borrador y agrega más palabras de orden cronológico para contar en qué orden ocurrieron los sucesos.

_____

_____

_____

_____

_____

Copyright © McGraw-Hill Education

Nombre_____

> La **aliteración** es la repetición de un sonido en diferentes palabras de un poema.
>
> El viento vuela la vela del velero.
>
> Cric, crac, crujió el creyón al partirse.

A. Lee las oraciones en voz alta. Encierra en un círculo las palabras que comienzan con el mismo sonido.

1. El patito parte pocas semillas con el pico.

2. Tin, tan, tañen todas las campanas.

B. Di las palabras. Encierra en un círculo las palabras que comienzan con el mismo sonido. Luego, úsalas en una oración.

3. gato   joroba   gusta   lago   goloso

_____

- -

_____

4. perro   perezoso   mapa   patas   copa

_____

- -

_____

Copyright © McGraw-Hill Education

Nombre_____

Di el nombre de cada dibujo. Une los dibujos que tienen la misma sílaba con <u>tr</u>.

l.

a.

2.

b.

3.

c.

4.

d.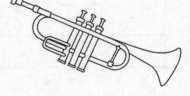

5.

e.

Copyright © McGraw-Hill Education

Nombre_____

Las palabras **tren** y **tránsito** comienzan con las consonantes *t* y *r,* que forman un grupo. Las sílabas **tra, tre, tri, tro** y **tru** comienzan con *tr.*

A. Lee las palabras del recuadro. Escribe la palabra que nombra cada dibujo.

| trabajo | triciclo | trepar | tronco |

I. _____

2. _____

3. _____

4. _____

B. Escribe una oración con una de las palabras.

_____

_____

Copyright © McGraw-Hill Education

Nombre_____

Une cada oración con el dibujo correspondiente.

I. Una media es más **larga** que la otra.

a.

2. Comimos **todo** lo que había en el plato.

b.

3. **Todavía** no es hora de levantarse.

c.

4. No me mojé **durante** la tormenta.

d.

5. El perrito arrancó las flores del **camino**.

e.

6. ¿Te gusta cómo me queda de esta **manera**?

f.

Copyright © McGraw-Hill Education

Nombre

A. Escribe una oración con la palabra <u>gracioso</u>. Luego, ilustra la oración.

_____

- -

_____

B. Escribe una oración con la palabra <u>nuevamente</u>. Luego, ilustra la oración.

_____

- -

_____

Copyright © McGraw-Hill Education

Copyright © McGraw-Hill Education

Jugaron un rato más. Entonces, el papá dijo:

—Ahora veo una casa con flores amarillas en el jardín.

—¡Nuestra casa! —sonrió Diego—. ¡Qué rápido llegamos!

(4)

El juego de papá

Papá y Diego subieron al tren. Los esperaba una larga vuelta a casa.

—No me gusta viajar en tren —dijo Diego—. Es tan aburrido.

(1)

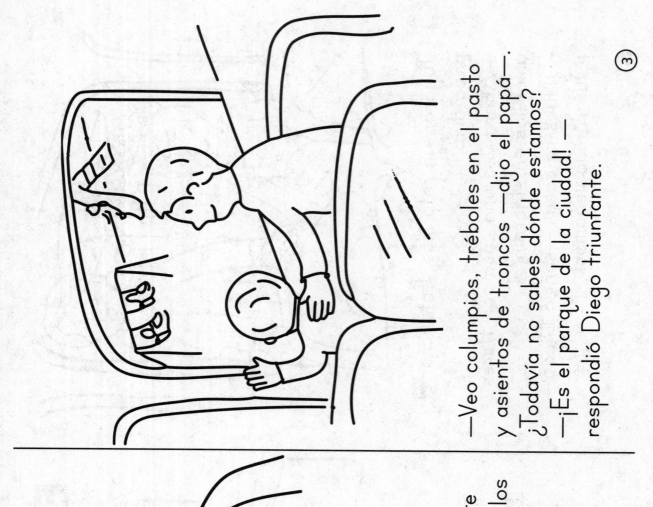

—Veo columpios, tréboles en el pasto
y asientos de troncos —dijo el papá—.
¿Todavía no sabes dónde estamos?

—¡Es el parque de la ciudad! —
respondió Diego triunfante.

③

—Podemos inventar un juego durante
el trayecto —dijo el papá—. Cierra los
ojos y no hagas trampa. Yo te daré
pistas y tú adivinas dónde estamos.
Diego cerró los ojos.

②

Copyright © McGraw-Hill Education

Nombre_____

A. Vuelve a leer "El juego de papá". Luego, escribe "problema", "pasos para la solución" o "solución" junto a cada oración.

I. Papá y Diego tienen una larga vuelta a casa.

_____

- -

_____

2. Papá dice: "Podemos inventar un juego durante el trayecto".

_____

- -

_____

3. Papá dice: "Veo una casa con flores amarillas".

_____

- -

_____

B. Trabaja con un compañero. Lee el pasaje en voz alta. Presta atención a la entonación. Detente después de un minuto. Completa la tabla.

	Palabras leídas	–	Cantidad de errores	=	Total de palabras correctas
Primera lectura		–		=	
Segunda lectura		–		=	

Copyright © McGraw-Hill Education

Nombre_____

Un **sufijo** es un grupo de letras que se agrega al final de una palabra para formar una palabra nueva.

El sufijo -**oso**/-**osa** significa **lleno/llena de** algo.

El sufijo -**mente** significa **de esta manera.**

Lee las oraciones. Usa el significado de -oso/-osa o -mente como ayuda para entender el significado de la palabra en letras en negrillas. Une cada oración con su significado.

1. El gato saltó **ágilmente**.   de manera rápida

2. El suelo es muy **arenoso**.   de manera ágil

3. Mi hermanita es **miedosa**.   lleno de arena

4. Estás **totalmente** confundido.   lleno de furia

5. El león rugía, **furioso**.   de manera total

6. Teo corrió **rápidamente**.   llena de miedo

Copyright © McGraw-Hill Education

Nombre

Completa la tabla de problema y solución. Usa palabras del texto.

Problema

$$\downarrow$$

Pasos para la solución

$$\downarrow$$

Solución

Copyright © McGraw-Hill Education

Nombre_____

A algunas palabras se les agrega el prefijo **super-** adelante para destacar o aumentar una cualidad.

Agrega el prefijo *super-* a la palabra que está subrayada para completar las oraciones.

_____
- - - - - - - - - - - - - - - - - -

1. Hoy comí un sándwich <u>gigante</u>. _____

_____
- - - - - - - - - - - - - - - - - -

2. La mascota de Diego es <u>linda</u>. _____

_____
- - - - - - - - - - - - - - - - - -

3. Este carro es <u>viejo</u>. _____

_____
- - - - - - - - - - - - - - - - - -

4. Mirar películas es <u>divertido</u>. _____

_____
- - - - - - - - - - - - - - - - - -

5. El tren alcanza una velocidad <u>alta</u>. _____

Copyright © McGraw-Hill Education

Nombre _____

A. Lee el siguiente borrador. Las preguntas te servirán para corregir las oraciones incompletas.

Borrador

¡Muchos sonidos diferentes en la escuela! La campana suena cuando las clases comienzan y terminan, y cuando es la hora del almuerzo. Los niños durante el recreo en los pasillos.

1. ¿Cuál es el tema del texto?

2. ¿Qué oración está completa?

3. ¿Qué oraciones están incompletas?

B. Ahora, corrige el borrador para asegurarte de que no haya oraciones incompletas.

_____

_____

_____

_____

_____

Copyright © McGraw-Hill Education

Nombre_____

> Las **instrucciones** te indican cómo hacer algo. Un conjunto de instrucciones tiene dos partes. La primera parte es una lista de los materiales que se necesitan. La segunda parte menciona los pasos que debes seguir.

A. Encierra en un círculo los materiales que necesitas para hacer lo que muestra el dibujo.

1. pan   clavos   jamón

2. estufa   pinceles   témperas

3. ramitas   nieve   leche

B. Los pasos para preparar una tostada no están en el orden correcto. Numera los pasos en el orden correcto.

_____

4. _____ Unta la tostada con jalea o mantequilla.

_____

5. _____ Consigue dos rebanadas de pan.

_____

6. _____ Coloca el pan en la tostadora.

_____

7. _____ Espera a que el pan esté tostado.

Copyright © McGraw-Hill Education

Nombre _____

Di el nombre de los dibujos. Encierra en un círculo los dibujos cuyo nombre tiene <u>güe</u> o <u>güi</u>.

Copyright © McGraw-Hill Education

Nombre_____

> Llamamos **diéresis** a los dos puntitos que se escriben sobre la **u** en las sílabas **güe** y **güi**. Los puntitos indican que la **u** se pronuncia. Puedes escuchar los sonidos <u>güe</u> y <u>güi</u> en **ver<u>güe</u>nza** y **ye<u>güi</u>ta**.

A. Une cada palabra con su definición.

I. objeto antiguo

2. paraguas pequeño

3. yegua bebé

4. lugar para dejar los paraguas

5. lengua pequeña

a. lengüita

b. paragüitas

c. paragüero

d. yegüita

e. antigüedad

B. Escribe una oración sobre cada animal.

6.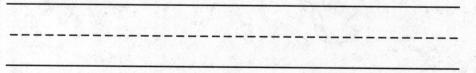

7. _____

Copyright © McGraw-Hill Education

Nombre_____

Completa las oraciones con estas palabras.

> frente   importante   lograr   obra   próximo   pueblo

1. ¡Sentémonos al _____!

2. Ahorrar es _____.

3. Dijeron que lloverá el _____ martes.

4. Papá va a _____ reparar la bicicleta.

5. Preparamos la _____ de teatro.

6. En el _____ se ven mejor las estrellas.

Copyright © McGraw-Hill Education

Nombre_____

> **equilibrio:** Algo está en <u>equilibrio</u> si no se cae.
>
> **secciones:** Las <u>secciones</u> son partes pequeñas
> de algo más grande.

Completa las oraciones con una palabra del recuadro.

> equilibrio   secciones

I. Me gustaron muchas _____ del libro.

2. ¡Es difícil mantener los libros en _____!

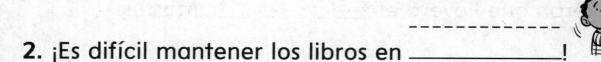

3. Pati hace _____ en la rama.

4. Recorrí todas las _____ de la tienda.

Copyright © McGraw-Hill Education

Cómo armar un muñeco de nieve

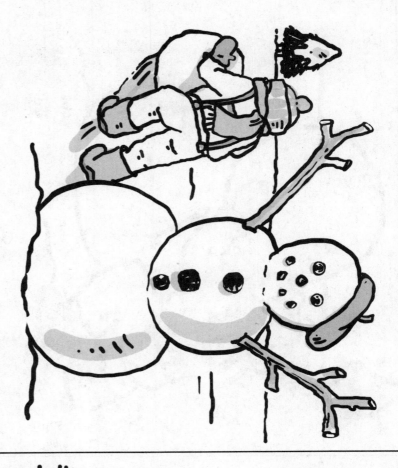

¡Mira! ¿Ves la nieve que cae del cielo y el agüita congelada en la ventana? Cuando se amontona nieve, ¡puedes armar un muñeco de nieve!

①

El próximo paso es formar la cabeza. Usa rocas pequeñas o monedas para hacer la cara. Clava ramitas como manos. Ponle una nariz y una gorra. Tu obra está lista. ¡Viva!

④

Copyright © McGraw-Hill Education

La bola es húmeda y pesada. ¿Qué
debes hacer luego? Colócala encima
de la primera. Tu muñeco ya tiene
un cuerpo firme.

③

Primero, forma una bola de nieve.
Es importante que quede redonda
y dura. Después, forma otra bola
más pequeña.

②

Copyright © McGraw-Hill Education

Nombre_____

A. Vuelve a leer "Cómo armar un muñeco de nieve". Luego, lee las causas. Escoge la oración que menciona el efecto y enciérrala en un círculo.

I. Cae nieve.

Las manos pueden ser ramitas.

Puedes armar un muñeco de nieve.

2. Forma una bola de nieve.

La nieve cae del cielo.

El muñeco ya tiene un cuerpo firme.

3. Usa rocas pequeñas o monedas.

El muñeco tiene manos.

El muñeco tiene cara.

B. Trabaja con un compañero. Lee el pasaje en voz alta. Presta atención a la entonación. Detente después de un minuto. Completa la tabla.

	Palabras leídas	–	Cantidad de errores	=	Total de palabras correctas
Primera lectura		–		=	
Segunda lectura		–		=	

Copyright © McGraw-Hill Education

Nombre_____

Una **desinencia** es una parte de una palabra que se agrega a la raíz. Las desinencias, o terminaciones, **-s** o **-es** indican que una palabra está en plural.

mano   mano**s**

sección   seccion**es**

A. Lee las palabras. Encierra en un círculo la desinencia correcta para formar el plural.

1. clavo   -s -es

2. tronco   -s -es

3. antigüedad   -s -es

4. pingüino   -s -es

5. tractor   -s -es

6. pincel   -s -es

B. Escribe las palabras del ejercicio anterior en plural.

_____   _____

7. _____   8. _____

_____   _____

9. _____   10. _____

_____   _____

11. _____   12. _____

Copyright © McGraw-Hill Education

Nombre_____

Completa la tabla de causa y efecto. Usa palabras del texto.

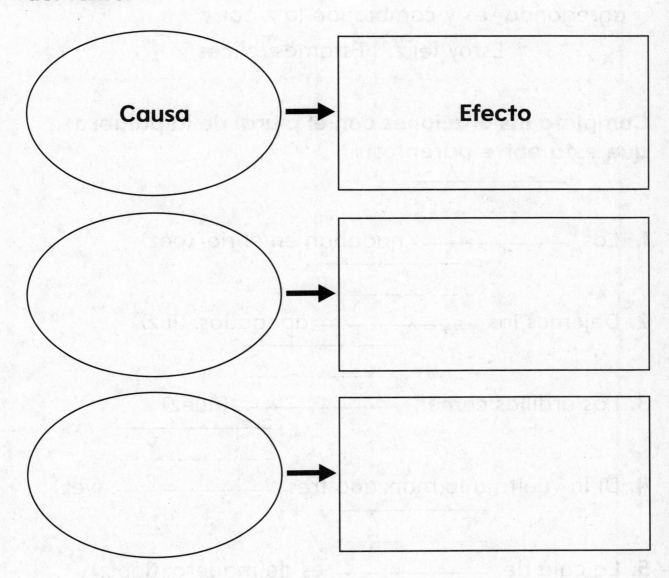

Copyright © McGraw-Hill Education

Nombre_____

> El plural de las palabras terminadas en **z** se forma agregando **-es** y cambiando la **z** por **c**.
>
> Estoy feli**z**.   Estamos feli**ces**.

Completa las oraciones con el plural de la palabra que está entre paréntesis.

_____

1. Los _____ nadaban en el río. (pez)

2. Dejemos las _____ apagadas. (luz)

3. Las ardillas comen _____. (nuez)

4. Di la vuelta a la manzana tres _____. (vez)

5. La caja de _____ es de madera. (lápiz)

6. Ten cuidado con los animales _____. (feroz)

Copyright © McGraw-Hill Education

Nombre_____

A. Lee el siguiente borrador. Las preguntas te servirán para agregar una oración en la que presentes el tema.

Borrador

La estructura se puede hacer con ladrillos o madera. La madera también se puede usar para hacer pisos, puertas y techos. El vidrio se usa para las ventanas y a veces incluso para las paredes.

I. ¿Se presenta el tema en el texto?

2. ¿Sobre qué tratan las oraciones?

3. ¿Qué oración podrías agregar para presentar el tema?

B. Ahora, corrige el borrador y agrega una oración en la que presentes el tema.

_____

_____

_____

_____

_____

Copyright © McGraw-Hill Education

Nombre_____

> Un **pie de ilustración** o **pie de foto** es una descripción breve que da más información sobre una ilustración o una fotografía.

Encierra en un círculo el pie de ilustración que informa sobre la ilustración.

1.

Veo un puente.

Veo una escuela.

2.

Construyen una casa.

Diseñan un parque.

3.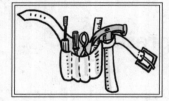

Serruchamos la madera con la sierra.

Este cinturón sirve para poner herramientas.

4.

Está remodelando el patio.

Está reparando el techo.

5.

Este barco es rápido.

El autobús es lento.

6.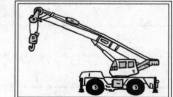

El carro es veloz.

La grúa levanta cosas.

Copyright © McGraw-Hill Education

Nombre_____

Di el nombre de cada dibujo. ¿Escuchas la sílaba bla, ble, bli, blo o blu en alguno de esos nombres? Encierra en un círculo esos dibujos.

Copyright © McGraw-Hill Education

Nombre_____

> Las palabras **blando** y **blusa** comienzan con las consonantes *b* y *l*, que forman un grupo. Las sílabas **bla, ble, bli, blo** y **blu** comienzan con *bl*.

Completa las oraciones con estas palabras.

> neblina   blusa   establo   nublado   amable

1. La _____ de Clotilde es rayada.

2. Los caballos descansan en el _____.

3. Pablo es muy _____ con su abuelita.

4. Hoy está _____ y no para de llover.

5. Hay mucha _____ en el camino.

Copyright © McGraw-Hill Education

Nombre_____

Completa las oraciones con una palabra del recuadro.

| abrir   aceptar   actividad   cuanto   explicar   varios |

1. No pudimos _____ el frasco.

2. Luis no sabe si va a _____ la invitación.

3. Hicimos una _____ muy divertida en clase.

4. Tengo _____ libros de este autor.

5. Llama a tu mamá en _____ llegues.

6. Pablo me va a _____ la tarea de Ciencias.

Copyright © McGraw-Hill Education

Nombre_____

> **emergencia:** Una **emergencia** es algo inesperado que se debe resolver inmediatamente.
>
> **exigir:** **Exigir** algo es pedirlo con determinación.

A. Une cada oración con la ilustración que describe.

1. Los entrenadores van a exigir que nos esforcemos.

a.

2. El bombero nos dijo qué hacer en caso de emergencia.

b.

B. Completa las oraciones con estas palabras.

> emergencia   exigir

_____

3. Tuve que _____ que me atendieran.

4. Una linterna puede ser útil en una _____.

Copyright © McGraw-Hill Education

Trabajamos juntos

En un abrir y cerrar de ojos, la casita estuvo terminada. Los amigos se sentaron a beber agua.

—¡Qué amables! —dijo Mapache—.

No lo habría conseguido sin su ayuda.

④

Mapache había juntado varios tablones de madera. Tenía una actividad en mente: hacer una casita en el roble.

"¡Será la mejor!", pensó. Pero era mucho trabajo para él solo.

①

Copyright © McGraw-Hill Education

Después, pasó Oca volando.
—¡Qué bonita casita! —comentó
contenta—. En cuanto esté lista,
será un buen lugar para jugar. Yo
también ayudaré. Volveré y traeré
un poco de agua para todos.

③

En ese momento, pasó Alce.
—Yo puedo ayudarte. Aquí tengo
mis herramientas —dijo con tono
amigable—. Podemos trabajar juntos.
—¡Gracias! —dijo Mapache—. Voy a
aceptar tu oferta.

②

Copyright © McGraw-Hill Education

Nombre_____

A. Vuelve a leer "Trabajamos juntos". Une cada pista con la ilustración a la que se refiere.

I. Mapache necesita ayuda.   **a.**

2. Alce tiene herramientas.   **b.**

3. Oca traerá agua para todos.   **c.**

4. ¿Cuál es el tema del cuento? Usa las pistas como ayuda.

_____

- -

_____

B. Trabaja con un compañero. Lee el cuento en voz alta. Presta atención a la expresión. Detente después de un minuto. Completa la tabla.

	Palabras leídas	–	Cantidad de errores	=	Total de palabras correctas
Primera lectura		–		=	
Segunda lectura		–		=	

Copyright © McGraw-Hill Education

Nombre_____

> Los **sinónimos** son palabras que tienen el mismo significado o casi el mismo significado.
>
> **Contento** y **dichoso** son dos sinónimos de **feliz**.

A. Encierra en un círculo las palabras que tienen el mismo significado o casi el mismo significado.

I. brillar   relucir   oscurecer

2. hablar   estornudar   conversar

3. destruir   hacer   crear

4. enojado   feliz   enfadado

5. ninguno   congelado   helado

6. girar   rodar   tomar

B. Escribe una oración con una de las palabras que encerraste en un círculo en el ejercicio anterior.

_____

7. _____

Copyright © McGraw-Hill Education

Nombre_____

Completa la tabla de tema. Usa palabras del texto.

Pista

↓

Pista

↓

Pista

↓

Tema

Copyright © McGraw-Hill Education

Nombre_____

El **pronombre reflexivo me** indica que la misma persona realiza y recibe la acción. Este pronombre se usa cuando alguien habla de sí mismo.

Yo **me** pongo un gorro.

Escribe oraciones sobre ti con los siguientes pares de palabras. Usa el pronombre reflexivo *me* en todas las oraciones.

lavo, manos	peino, mañana
visto, solo	cepillo, dientes

1. _____

2. _____

3. _____

4. _____

Copyright © McGraw-Hill Education

Nombre_____

A. Lee el siguiente borrador. Las preguntas te servirán para cambiar la longitud de las oraciones.

Borrador

Ayudamos a la Tierra. Reciclamos botellas. Recogemos la basura.

I. ¿Cuál es el tema del texto?

2. ¿Hay oraciones cortas y oraciones largas?

3. ¿Cómo puedes cambiar la longitud de algunas oraciones?

B. Ahora, corrige el borrador y cambia la longitud de las oraciones.

_____

_____

_____

_____

_____

_____

_____

_____

Copyright © McGraw-Hill Education

Nombre_____

> Un **pie de ilustración** o **pie de foto** brinda más información sobre una ilustración o una fotografía.

Observa cada ilustración. Lee el pie de ilustración. Responde las preguntas.

La familia Blum limpia el parque estatal.

_____

_____

I. ¿Quiénes son estas personas? _____

_____

_____

2. ¿Dónde están? _____

Blanca Díaz le habla a la clase sobre el cuidado de los árboles.

_____

_____

3. ¿Quién es la mujer de la ilustración? _____

_____

_____

4. ¿Qué está haciendo? _____

_____

_____

_____

Copyright © McGraw-Hill Education

Nombre

Di el nombre de cada dibujo. ¿Escuchas la sílaba bra, bre, bri, bro o bru en alguno de esos nombres? Encierra en un círculo esos dibujos.

Copyright © McGraw-Hill Education

Nombre _____

> Las palabras **brócoli** y **brazo** comienzan con las consonantes *b* y *r*, que forman un grupo. Las sílabas **bra, bre, bri, bro** y **bru** comienzan con *br*.

A. Di el nombre de cada dibujo. Escribe la palabra.

1. _____

2. _____

3. _____

4. _____

B. Escribe una oración con una de las palabras del ejercicio anterior.

5. _____

Copyright © McGraw-Hill Education

Palabras de uso frecuente

Nombre_____

A. Completa las oraciones con estas palabras.

> carácter cumplir madre padre presentar principio

1. En abril voy a _____ seis años.

2. Al _____ corro rápido y luego camino.

3. Mi perro no tiene buen _____.

4. Mi _____ y mi _____ me saludan.

5. Les voy a _____ a mi amigo Pablo.

B. Escribe una oración con una de las palabras del ejercicio anterior.

6. _____

Práctica • Grado 1 • Unidad 6 • Semana 2 **289**

Nombre_____

> Algo **habitual** es algo que hacemos con frecuencia.
>
> **Recibir** algo es tomar lo que alguien te da o te envía.

A. Completa las oraciones con estas palabras.

> habitual   recibir

_____

- - - - - - - - - - - - - - - -

I. Es _____ ir a la escuela en autobús.

_____

- - - - - - - - - - - - - - - -

2. Lino va a _____ un premio.

B. Escribe una oración con una de las palabras del recuadro. Dibuja tu oración.

_____

- -

3. _____

Copyright © McGraw-Hill Education

Los entrenadores

Ariel Skelley/Blend Images LLC

Los entrenadores nos enseñan a cumplir con nuestras tareas. Ellos aman jugar, enseñar y hablar sobre el deporte. Así, nos enseñan a amarlo también.

④

Copyright © McGraw-Hill Education

Los entrenadores enseñan cómo se juega un deporte. Al principio, nos van a presentar a nuestros compañeros. Después nos van a enseñar los pasos del juego. Así el equipo va a saber cómo jugar.

①

BananaStock/Alamy

Comstock Images/Getty Images

Ellos deben tener buen carácter y enseñarle al equipo a colaborar. Así el equipo será bueno y estará unido. También hacen bromas para que todos se diviertan.

③

BananaStock/Alamy

Los entrenadores ayudan a los jugadores de muchas maneras. Les indican cómo colocar los brazos para batear. Les enseñan a correr rápido.

②

Copyright © McGraw-Hill Education

Nombre _____

A. Vuelve a leer "Los entrenadores". Luego, sigue las instrucciones.

I. ¿Por qué escribió el autor "Los entrenadores"? Escoge la mejor respuesta.

(a) para contar qué hacen los entrenadores

(b) para hablar sobre el deporte

(c) para contar cómo se juega al fútbol

2. Escribe palabras del texto que cuentan lo que enseñan los entrenadores.

_____ _____ _____

_____ _____ _____

3. ¿Qué hace que un equipo sea bueno? Escoge la mejor respuesta.

(a) El equipo no trabaja duro.

(b) Al equipo le gusta perder.

(c) El equipo colabora.

B. Trabaja con un compañero. Lee el texto en voz alta. Presta atención a la entonación. Detente después de un minuto. Completa la tabla.

	Palabras leídas	−	Cantidad de errores	=	Total de palabras correctas
Primera lectura		−		=	
Segunda lectura		−		=	

Copyright © McGraw-Hill Education

Nombre_____

> Las palabras que tienen significados opuestos se llaman **antónimos**.

Lee las oraciones. Encierra en un círculo la palabra con el significado <u>opuesto</u> al de la palabra en negrilla.

l. El ratón **diminuto** se escapó.

pequeño   peludo   enorme

2. Pablo se sintió **mejor** después de dormir.

peor   feliz   recuperado

3. Melisa dijo que la fiesta estuvo muy **divertida**.

larga   aburrida   buena

4. La montaña rusa es muy **ruidosa**.

interesante   rápida   silenciosa

5. Mati **siempre** juega al fútbol los sábados.

rápido   poco   nunca

Copyright © McGraw-Hill Education

Nombre_____

Completa la tabla de propósito del autor. Usa palabras del texto.

Pista	Pista

↓ ↓

Propósito del autor

Copyright © McGraw-Hill Education

Nombre_____

El **pronombre reflexivo se** indica que la misma persona realiza y recibe la acción. Usamos el pronombre reflexivo **se** cuando hablamos de **él, ella, ellos** o **ellas**.

Él **se** lava las manos.   Ellas **se** lavan las manos.

Completa las oraciones con estas frases.

se cepillan	se lava	se pintan	se peina

1. Ella _____ sola.

2. Él _____ las manos.

3. Pablo y Mica _____ los dientes.

4. Ana y Paula _____ las uñas.

Copyright © McGraw-Hill Education

Nombre_____

A. Lee el siguiente borrador. Las preguntas te servirán para incluir tu propia voz en el texto.

Borrador

Mi mamá me ayuda y me cuida. A la noche, me lee libros. Me hace el almuerzo todos los días.

I. ¿Cuál es el tema del texto?

2. ¿Usa el autor o la autora su propia voz para contar cómo se siente?

3. ¿Cómo puedes incluir tu propia voz en el texto?

B. Ahora, corrige el borrador y cuenta cómo te sientes acerca del tema.

_____

- -

_____

_____

- -

_____

_____

- -

_____

_____

- -

_____

Copyright © McGraw-Hill Education

Nombre_____

Las **palabras sensoriales** describen cómo se ve y se siente algo, qué sabor u olor tiene y qué ruido hace.

En el cielo hay nubes **blancas** y **esponjosas**.

Encierra en un círculo una palabra sensorial que podría usar un escritor para describir las ilustraciones.

1.    cansado   ruidoso   dormilón

2.   rápida   colorida   ruidosa

3.    mojado   seco   rosa

4.   soleado   lluvioso   silencioso

5.    oscuro   brillante   helado

6.    sabroso   peludo   corto

Copyright © McGraw-Hill Education

Nombre

Di el nombre de cada dibujo. ¿Escuchas la sílaba pla, ple, pli, plo o plu en alguno de esos nombres? Encierra en un círculo esos dibujos.

Copyright © McGraw-Hill Education

Nombre_____

> Las palabras **pl**ato y **pl**eno comienzan con las consonantes *p* y *l*, que forman un grupo. Las sílabas **pla, ple, pli, plo** y **plu** comienzan con *pl*.

Lee las pistas y las palabras. Une cada pista con la palabra que describe.

I. Quitar las arrugas a las telas.   **a.** pliegue

2. Lo que se forma al doblar algo.   **b.** planchar

3. Sirve para quitar el polvo.   **c.** simple

4. Metal pesado y gris.   **d.** plomo

5. Sacar aire por la boca.   **e.** plumero

6. Algo que no es complicado.   **f.** soplar

Copyright © McGraw-Hill Education

Nombre_____

Completa las oraciones con una palabra del recuadro.

> aprender campo diferente obtener principal reunir

_____

1. Nos vamos a _____ en la casa de Dani.

2. Mi equipo logró _____ una medalla.

3. En el _____ es época de cosecha.

4. Mi camiseta es _____ de la tuya.

5. Es difícil _____ otro idioma.

6. El motivo _____ del viaje es divertirnos.

Copyright © McGraw-Hill Education

Nombre_____

> Se escribe **etcétera** al final de una lista
> cuando no se mencionan todos
> los elementos de la lista.
>
> En la caja había lápices, borradores,
> marcadores, etcétera.
>
> Un **país** es un territorio en el que vive
> un grupo de personas.
>
> Nuestro país es Estados Unidos.

Completa las oraciones con etcétera o país.

I. España es un bonito _____.

2. Leí sobre los insectos: abejas, hormigas, _____.

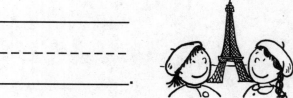

3. Vi flores de mil colores: rojas, blancas, _____.

4. Francia es otro _____.

Copyright © McGraw-Hill Education

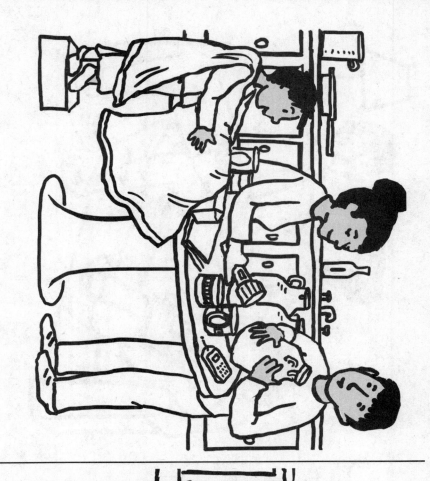

Se acerca una tormenta

—Se acerca una gran tormenta —dijo mamá—. Debemos estar listos.

Pablo estaba alarmado. No le gustaban las tormentas. Pero sabía que debía aprender a prepararse.

①

Pablo tomó su manta y dijo:

—Necesitaremos abrigo.

Papá trajo agua en bidones.

—Sé que estaremos bien —dijo papá.

④

Copyright © McGraw-Hill Education

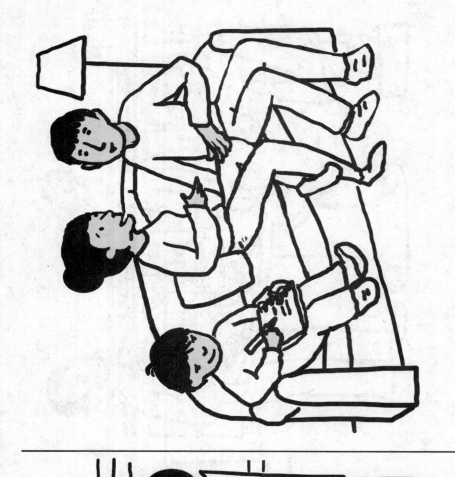

—Haré una lista para que sea más fácil reunir lo necesario —dijo Pablo—. Durante la tormenta, es posible que se corte la luz —explicó mientras escribía "linterna".

③

—Tenemos tiempo para hacer un plan —dijo papá—. Lo principal es obtener todo lo que necesitaremos. Nuestro día será diferente: deberemos quedarnos dentro de casa.

②

Copyright © McGraw-Hill Education

Nombre_____

A. Vuelve a leer "Se acerca una tormenta". Luego, escribe "causa" o "efecto" junto a cada oración.

_____

- - - - - - - - - - - -

I. Se acerca una gran tormenta. _____

_____

- - - - - - - - - - - -

2. Pablo, mamá y papá hacen un plan. _____

_____

- - - - - - - - - - - -

3. Puede bajar la temperatura. _____

_____

- - - - - - - - - - - -

4. Pablo toma su manta. _____

_____

- - - - - - - - - - - -

5. Entre los tres, reúnen lo necesario. _____

B. Trabaja con un compañero. Lee el cuento en voz alta. Presta atención a la entonación. Detente después de un minuto. Completa la tabla.

	Palabras leídas	–	Cantidad de errores	=	Total de palabras correctas
Primera lectura		–		=	
Segunda lectura		–		=	

Copyright © McGraw-Hill Education

Nombre_____

> A veces, los escritores usan **símiles** para ayudar a los lectores a imaginar detalles. Un símil compara una cosa con otra. En los símiles se usan las palabras **como** o **tan**... **como**.
>
> El charco es **tan** grande **como** un lago.
>
> Las gotas eran **como** cubitos de hielo.

A. Lee las oraciones. Subraya las palabras tan y como. Encierra en un círculo las dos cosas que se comparan.

I. Los truenos son como rugidos feroces.

2. La casa estaba tan oscura como una cueva.

3. La linterna brilla como el sol.

4. La manta es tan suave como los pétalos de una flor.

5. La lista de Pablo es tan larga como un libro.

B. Escoge una de las oraciones anteriores y haz un dibujo para ilustrarla.

Copyright © McGraw-Hill Education

Nombre

Completa la tabla de causa y efecto. Usa palabras del texto.

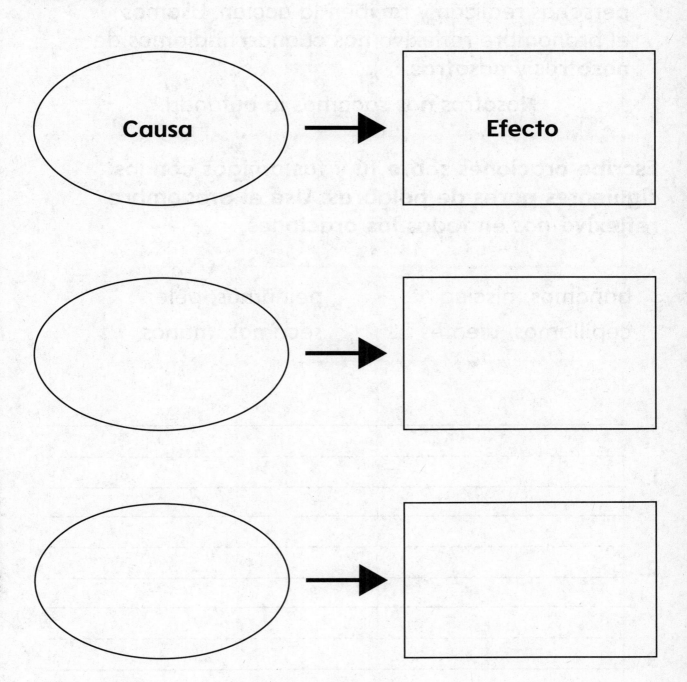

Copyright © McGraw-Hill Education

Nombre_____

El **pronombre reflexivo nos** indica que las mismas personas realizan y reciben la acción. Usamos el pronombre reflexivo **nos** cuando hablamos de **nosotros** y **nosotras**.

Nosotros **nos** sacamos la bufanda.

Escribe oraciones sobre tú y tus amigos con los siguientes pares de palabras. Usa el pronombre reflexivo *nos* en todas las oraciones.

bañamos, piscina   peinamos, pelo

cepillamos, dientes   secamos, manos

1. _____

_____

2. _____

_____

3. _____

_____

4. _____

Copyright © McGraw-Hill Education

Nombre_____

A. Lee el siguiente borrador. Las preguntas te servirán para agregar una idea principal.

Borrador

Nos gusta hacer muñecos de nieve juntos. Nos divertimos cuando tiramos bolas de nieve. ¡Y nos divertimos mucho más cuando bajamos en trineo por la colina!

1. ¿Cuál es el tema del texto?

2. ¿Cuál es la idea principal? ¿Se encuentra la idea principal expresada en el texto?

3. ¿Qué oración podrías agregar para expresar la idea principal?

B. Ahora, corrige el borrador y agrega una oración en la que expreses la idea principal.

_____

_____

_____

_____

_____

Copyright © McGraw-Hill Education

Nombre_____

> Una selección puede tener muchas secciones. Los **subtítulos** informan de qué trata cada sección.

A. Lee la selección sobre el clima caluroso.

¡Gánale al calor!

A mucha gente le gusta el calor. Un día caluroso puede ser divertido. Pero debes tener cuidado.

El sol y la piel

El sol puede hacerte daño. Usa sombrero y ponte protector solar. vonte más protector cuando salgas del agua.

El sol y el cuerpo

Asegúrate de beber mucha agua. Cuando hace calor, necesitas beber más agua.

B. Responde las preguntas sobre la selección.

I. ¿Cuál es un consejo que dan en la sección que tiene el subtítulo "El sol y la piel"?

Usa sombrero.   Bebe mucha agua.

2. ¿De qué trata la última sección?

El sol y la piel   El sol y el cuerpo

Copyright © McGraw-Hill Education

Nombre_____

Di el nombre de cada dibujo. ¿Escuchas la sílaba <u>pra</u>, <u>pre</u>, <u>pri</u>, <u>pro</u> o <u>pru</u> en alguno de esos nombres? Encierra en un círculo esos dibujos.

Copyright © McGraw-Hill Education

Nombre_____

Las palabras **<u>pr</u>ado** y **<u>pr</u>isa** comienzan con las consonantes *p* y *r,* que forman un grupo. Las sílabas **pra, pre, pri, pro** y **pru** comienzan con *pr.*

A. Completa las palabras con una sílaba con *pr*. Escribe las palabras que formaste.

1. _____ mesa   _____

2. _____ gunta   _____

3. _____ mavera   _____

4. _____ dera   _____

B. Escribe una oración con una de las palabras del ejercicio anterior.

_____

_____

_____

Copyright © McGraw-Hill Education

Nombre_____

Completa las oraciones con estas palabras.

> ambos   aspecto   edad   lector   libertad   voz

1. Los animales salvajes viven en _____.

2. Ana es cantante y tiene una _____ divina.

3. Papá es un gran _____ y nos lee cuentos.

4. Hay tiendas a _____ lados de la calle.

5. ¿A qué _____ irás a la universidad?

6. El paciente está sano y tiene buen _____.

Copyright © McGraw-Hill Education

Nombre_____

> **impermeable:** Algo **impermeable** no deja pasar el agua. Un **impermeable** es una prenda de vestir.
>
> **paraguas:** Un **paraguas** es un objeto que sirve para protegerse de la lluvia.

Completa las oraciones con una palabra del recuadro.

> impermeable   paraguas

I. Dejamos el _____ en el paragüero.

2. La tela de este chaleco es _____.

3. Me puse el _____ porque llovía.

4. El mango de mi _____ es de madera.

Copyright © McGraw-Hill Education

—Primero, comeremos pastel de chocolate —dijo tía Juana—. Luego, comeremos pasta.

Susi sonrió. ¡Al final, fue una celebración hermosa!

④

La sorpresa de Susi

Era el cumpleaños de Susi. ¡Un año más de edad! Pero su mamá y su papá estaban de viaje. Ella estaba con la tía Juana. Y estaba triste. Pensaba que no tendría una fiesta.

①

Copyright © McGraw-Hill Education

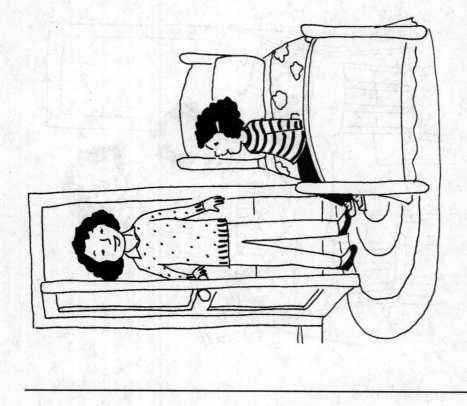

—Tengo una propuesta. ¿Te gustaría
una cena de cumpleaños fuera de lo
común? —le preguntó tía Juana.
—¡Por supuesto! —dijo Susi con voz
muy animada.

③

Susi siempre festejaba su
cumpleaños con papá y mamá.
Ambos la llevaban a la pradera y se
divertían mucho. ¿Qué iba a hacer
ahora con la tía Juana?

②

Copyright © McGraw-Hill Education

Nombre_____

A. Vuelve a leer "La sorpresa de Susi". Une cada pista del cuento con la ilustración que describe.

I. Susi estaba triste porque mamá y papá estaban de viaje.

a.

2. Susi siempre festejaba en la pradera con papá y mamá.

b.

3. La tía Juana dijo que tenía una propuesta.

c.

4. ¿Cuál es el tema del cuento? Usa las pistas como ayuda.

_____

- -

_____

B. Trabaja con un compañero. Lee el cuento en voz alta, cuidando el fraseo. Detente después de un minuto. Completa la tabla.

	Palabras leídas	–	Cantidad de errores	=	Total de palabras correctas
Primera lectura		–		=	
Segunda lectura		–		=	

Copyright © McGraw-Hill Education

Nombre_____

> Una **palabra compuesta** es una palabra formada por dos palabras más cortas.
>
> La palabra **paraguas** es una palabra compuesta.
>
> para + aguas = paraguas
>
> Un **paraguas** sirve para protegerse del agua.

A. Traza una línea para separar las dos palabras que forman cada palabra compuesta de la izquierda. Usa las dos palabras como ayuda para unir las palabras compuestas con su significado.

1. guardacostas   objeto para picar hielo

2. mediodía   objeto para abrir latas

3. abrelatas   persona que vigila la costa

4. picahielos   mitad del día

B. Escribe una oración con una palabra compuesta del ejercicio anterior.

_____

5. _____

Copyright © McGraw-Hill Education

Nombre_____

Completa la tabla de tema. Usa palabras del texto.

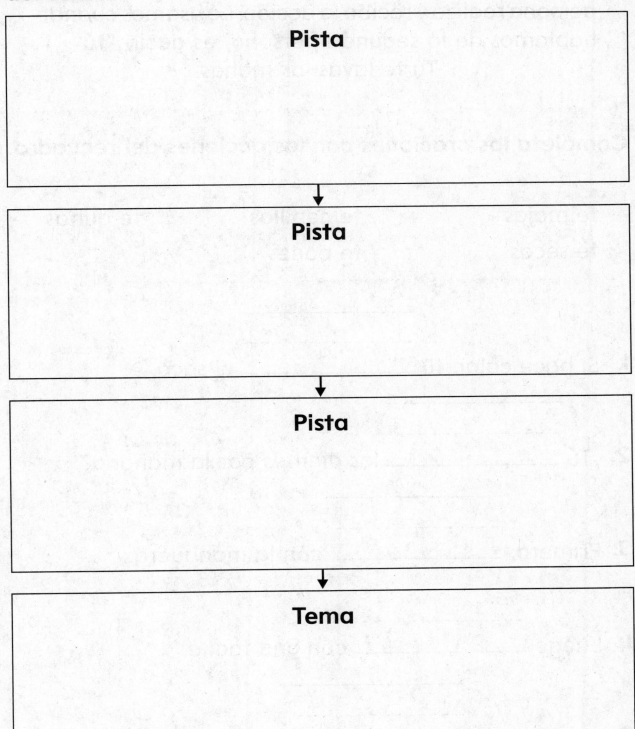

Pista

Pista

Pista

Tema

Copyright © McGraw-Hill Education

Nombre_____

El **pronombre reflexivo te** indica que la misma persona realiza y recibe la acción. Lo usamos cuando hablamos de la segunda persona, es decir, "**tú**".
Tú **te** lavas las manos.

Completa las oraciones con las acciones del recuadro.

te mojas	te cepillas	te quitas
te secas	te pones	

1. Si hace calor, tú _____ el saco.

2. ¿Tú _____ los dientes por la mañana?

3. Primero, _____ con la manguera.

4. Luego _____ con una toalla.

5. Si nieva, ¿tú _____ guantes para salir?

Copyright © McGraw-Hill Education

Nombre_____

A. Lee el siguiente borrador. Las preguntas te servirán para escribir diferentes tipos de oraciones.

> ### Borrador
>
> En mi fiesta de cumpleaños comemos pastel y helado. Luego, abro los regalos y juego con mis amigos. Los regalos son geniales, pero lo que más me gusta es la fiesta.

I. ¿Cuál es el tema del texto?

2. ¿Qué tipo de oración hay en este texto?

3. ¿Puedes agregar una pregunta o una exclamación para que haya diferentes tipos de oraciones en el texto?

B. Ahora, corrige el borrador y agrega diferentes tipos de oraciones.

_____

_____

_____

_____

_____

_____

Copyright © McGraw-Hill Education

Nombre

> Las **instrucciones** son una lista de pasos que te indican cómo hacer algo.

Lee las instrucciones. Responde las preguntas.

Materiales: envase de leche vacío   tijera

papeles de colores   pegamento

Cómo hacer una regadera

1. Enjuaga el envase.

2. Recorta figuras de papel.

3. Pega las figuras en el envase.

4. Llena el envase con agua. ¡Ahora riega las plantas!

1. ¿Qué enseñan a hacer estas instrucciones? Encierra en un círculo la respuesta.

una planta   una regadera

2. ¿Qué debes hacer después de pegar las figuras en el envase?

_____

- -

_____

Copyright © McGraw-Hill Education

Nombre_____

Di el nombre de cada dibujo. Marca con una cruz los dibujos cuyo nombre tiene el sonido ks o j.

Copyright © McGraw-Hill Education

Nombre_____

> La letra **x** representa dos sonidos. Se pronuncia **ks** en las palabras **taxi** y **sexto**. Se pronuncia **j** en las palabras **México** y **Texas**.

Lee las palabras. Sepáralas en sílabas. Luego, une cada palabra con el dibujo que la representa.

1. excavar _____

   a.

2. saxofón _____

   b.

3. excursión _____

   c.

4. examen _____

   d.

5. taxi _____

   e.

6. Texas _____

   **f.**

Copyright © McGraw-Hill Education

Nombre_____

Completa las oraciones con estas palabras.

> completo   crear   diez   luz   proponer   tampoco

_____

_ _ _ _ _ _ _ _ _ _ _ _

1. No me gusta el brócoli y _____ el pescado.

_____   _____

_ _ _ _ _ _ _ _ _ _ _   _ _ _ _ _ _ _ _ _ _ _

2. Leí un libro _____ en _____ días.

_____

_ _ _ _ _ _ _ _ _ _ _

3. Cenamos a la _____ de las velas.

_____

_ _ _ _ _ _ _ _ _ _ _

4. En clase, vamos a _____ una votación.

_____

_ _ _ _ _ _ _ _ _ _ _

5. Puedes _____ un títere con un calcetín.

Copyright © McGraw-Hill Education

Nombre_____

gracias	Damos las **gracias** cuando alguien nos da algo o nos hace un favor.
nación	Una **nación** es el territorio de un país y sus habitantes.

A. Completa las oraciones con gracias o nación. Encierra en un círculo el dibujo que corresponda.

_____
- - - - - - - - - - - - - -

1. Esta es la bandera de nuestra _____.

a.    b.

_____
- - - - - - - - - - - - - -

2. La clase le dio las _____ al público.

a.    b.

B. Une la palabra con su significado.

3. gracias

        a. un territorio y sus habitantes

4. nación

        b. palabra que decimos cuando nos dan algo

Copyright © McGraw-Hill Education

Nuestros días favoritos

Existen muchos días especiales.
Y cada uno cuenta con una
celebración especial.
¿Qué día del año es tu favorito?

①

Los cumpleaños también son
excelentes para estar juntos.
Muchos niños pequeños hacen
fiestas y se ponen un sombrero.
¿Cuál es tu día favorito?

④

Copyright © McGraw-Hill Education

③

En Estados Unidos y México, el Día de la Madre es en mayo. El Día del Padre es en junio. Los niños se ocupan de crear algo especial para papá y mamá, como tarjetas o un rico desayuno.

② El Año Nuevo es el primer día del año. Algunas familias pasan el día completo jugando. Se preguntan cómo será el nuevo año, y piensan qué objetivos se pueden proponer para el año que comienza.

Copyright © McGraw-Hill Education

Nombre_____

A. Lee las oraciones de "Nuestros días favoritos". Rellena el círculo de la respuesta correcta.

I. El Año Nuevo es el primer día del año.
El propósito del autor es

○ contar que a los niños les gusta jugar.

○ hablar sobre el Año Nuevo.

2. El Día del Padre es en junio. El propósito del autor es

○ hablar sobre el Día del Padre.

○ contar cómo hacerle una tarjeta a papá.

B. ¿Para qué escribió el autor "Nuestros días favoritos"? Escribe una oración.

_____

- -

3. _____

C. Trabaja con un compañero. Lee el texto en voz alta, cuidando el fraseo. Detente después de un minuto. Completa la tabla.

	Palabras leídas	–	Cantidad de errores	=	Total de palabras correctas
Primera lectura		–		=	
Segunda lectura		–		=	

Copyright © McGraw-Hill Education

Nombre_____

> Las **metáforas** ayudan a los lectores a imaginar detalles. En una metáfora, se comparan dos cosas.
>
> La nieve es un amplio manto blanco.
>
> En una metáfora no se usan las palabras <u>tan</u> y <u>como</u>.

A. Lee las oraciones. Observa las palabras subrayadas. Encierra en un círculo la oración que indica en qué se parecen las dos cosas.

1. El <u>arco iris</u> es una <u>caja de crayones</u> colgada en el cielo.

   Los dos son coloridos.   Los dos están en una caja.

2. La <u>nube</u> es un <u>copo de algodón</u> que flota en el cielo.

   Los dos están en el cielo.   Los dos son esponjosos.

3. El <u>horno</u> es un <u>dragón que escupe fuego</u>.

   Los dos tienen fuego adentro.   Los dos son suaves.

B. Encierra en un círculo la palabra que mejor completa la oración. Escribe la palabra en el espacio.

   _____

   -

4. El trueno es un _____.

   saxofón   silbato   tambor

Copyright © McGraw-Hill Education

Nombre

Completa la tabla de propósito del autor. Usa palabras del texto.

Pista	Pista

Propósito del autor

Copyright © McGraw-Hill Education

Nombre_____

> La terminación **-azo** suele usarse para indicar un golpe o un movimiento repentino.
>
> martill**azo**   rodill**azo**

Usa las palabras del recuadro para reemplazar las palabras subrayadas en las oraciones.

> codazo   manotazo   pelotazo

I. Félix bajó la pelota dándole un <u>golpe con la mano</u>.

_____

Félix bajó la pelota de un _____.

2. El niño dio una <u>patada fuerte a la pelota</u>.

_____

El niño dio un _____.

3. Mara me dio un <u>golpecito con el codo</u>.

_____

Mara me dio un _____.

Copyright © McGraw-Hill Education

Nombre_____

A. Lee el siguiente borrador. Las preguntas te servirán para agregar la voz del autor en el texto.

Borrador

Cada año organizamos un picnic para el Cuatro de Julio. Viene toda la familia y también muchos vecinos. Después del picnic, vamos al parque a ver los fuegos artificiales.

I. ¿Cuál es el tema del texto?

2. ¿Usa el autor o la autora su propia voz para contar cómo se siente?

3. ¿Cómo puedes incluir la voz del autor en el texto?

B. Ahora, corrige el borrador y cuenta cómo se puede sentir el autor o la autora acerca del tema.

_____

_____

_____

_____

Copyright © McGraw-Hill Education

Nombre_____

Observa el mapa. Luego, responde las preguntas.

Ciudad Verde

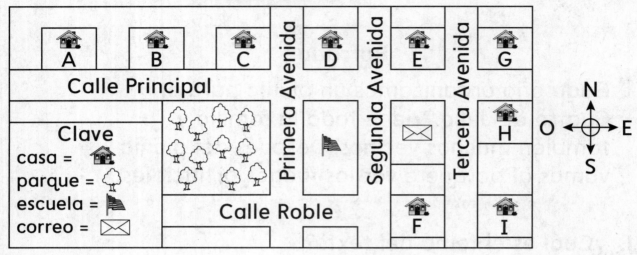

1. ¿Cuántas casas hay en Ciudad Verde?

_____

- - - - - - - - -

_____

2. ¿Cuántas escuelas hay en Ciudad Verde?

_____

- - - - - - - - -

_____

3. ¿Por qué calle irías de la casa A al parque?

_____

- -

_____

4. ¿Qué calle cruzarías para ir de la casa H al correo?

_____

- -

_____

Copyright © McGraw-Hill Education